आशुतोष एक उत्कर्ष सैनिक से मार्गदर्शक

(युवाओं के प्रेरणास्रोत)

आशुतोष एक उत्कर्ष
सैनिक से मार्गदर्शक

(युवाओं के प्रेरणास्रोत)

रामनिवास कुमार
स्नातकोत्तर
(अंग्रेजी, पत्रकारिता व जनसंचार, पुस्तकालय व सूचना विज्ञानं)

आशुतोष एक उत्कर्ष सैनिक से मार्गदर्शक

(युवाओं के प्रेरणास्रोत)

विषय – सूचि

प्रस्तावना

सोमवार का दिन। सुबह का समय। शुष्क धूप। अंग्रेजी तारीख-11 नवंबर, 2019। अपने प्राकृतिक स्वभाववश मैं उच्च सामाजिक प्रतिष्ठा वाले किसी विशेष चरित्र की जीवनी लिखने पर विचार कर रहा था, पर लेखकीय उधेड़बुन में फंसे रहने के कारण कोई निर्णय नहीं ले सका। तब मैं अत्यधिक साहित्यिक दबाव में था। फिर उसी दिन संध्या प्रहर मेरे मन में यह विचार आया कि मैं एक बड़े सामाजिक कार्यकर्त्ता श्री आशुतोष कुमार की जीवनी को कलमबद्ध करूँ। तब मैंने बिना विशेष विचार किये उन्हें फोन किया और इस विषय पर अपनी पुस्तकीय रचना के बारे में उनसे विस्तार से बात की, और उस पर काम करने के लिए उनकी सहमति मांगी। उन्होंने तत्काल हामी भर दी और मैंने अपना साहित्यिक कार्य करना शुरू कर दिया। आज एक लम्बे समय तक शोधपूर्ण संकलन तैयार करने के बाद इस साहित्यिक यज्ञ को पूरा कर सका। आज यह पुस्तक बड़े अदब के साथ सुधि पाठकों के समक्ष प्रस्तुत है।

मैंने "आशुतोष एक उत्कर्ष : सैनिक से मार्गदर्शक" शीर्षक से उनकी जीवन के सम्भवतः सभी पहलुओं पर आवश्यक तथ्य को कलमबद्ध किया। मैंने इस पुस्तक में उनके दुख-दर्द, आशा-निराशा, सफलताओं और विफलताओं के साथ खुशी के क्षणों को साझा किया है। यह अंग्रेजी में लिखी मेरी पुस्तक "आशुतोष द राइजिंग : सोल्जर टू लीडर" का हिंदी संस्करण है।

इस पुस्तक का मुख्य उद्देश्य श्री आशुतोष कुमार जैसे साधारण व्यक्ति के पवित्र आदर्शों को बढ़ावा देना, उन्हें संरक्षित करना और प्रचारित-प्रसारित करना है। पुस्तक लेखन का मेरा उद्देश्य पाठकों के सामने उनके सुविचारों, सिद्धांतों व आदर्शों को प्रस्तुत करना है जिनसे बिहार के आमजन की बड़ी उम्मीद है।

इस पुस्तक में व्यक्त विचार और राय श्री आशुतोष कुमार के हैं जिनकी जीवनी लिखी गई है। सभी तथ्य यथार्थतः वही हैं जो उन्होंने या उनके निकट प्रियजनों द्वारा बताए गए हैं। उन सभी तथ्यों को उनके दोस्तों, रिश्तेदारों, तथा अपरिचित लोगों से यथासंभव सत्यापित किया गया है। लेखक तथा प्रकाशक किसी भी असत्य या ग़लत सूचना के लिए ज़िम्मेदार नहीं हैं।

मैं इस पुस्तक का परिचय लिखने वाले श्री पुष्कर नारायण सिंह जी के प्रति अपनी कृतज्ञता ज्ञापित करता हूँ। मैं श्री सुनील शर्मा जी का आभारी हूँ जिन्होंने अपना बहुमूल्य समय निकालकर इस पुस्तक का प्राक्कथन लिखा। मैं ऑल इंडिया रेडियो, भारत सरकार के संवाददाता श्री पवन कुमार सिंह जी के प्रति अपना आभार प्रकट करता हूँ जिनसे इस पुस्तक को लिखने की मुझे प्रारंभिक प्रेरणा मिली। मैं उन साथियों और समर्थकों का भी आभारी हूँ जिन्होंने मुझ पर भरोसा किया और एक सहज सामाजिक व्यक्तित्व के बारे में लिखने के मेरे संकल्प को मजबूत किया। दरअसल, यह पुस्तक उस व्यक्ति के उपर लिखी गई है जो समाज के सभी युवाओं को उनके गुण की पहचान कराने के लिए वर्षों से उन्हें एकजुट कर रहे हैं।

कोई भी रचना कभी पूर्ण नहीं होती। मैं यह दावा नहीं कर सकता कि यह पुस्तक मानवीय त्रुटियों से पूरी तरह मुक्त है। अलबत्ता, मैं यह विश्वास के साथ कह सकता हूँ कि मैंने इसके प्रकाशन से पूर्व इसे त्रुटिहीन बनाने के लिए अथक प्रयारा किया है। फिर भी, यदि कोई त्रुटि रह गई हो तो हम इसके लिए क्षमा प्रार्थी हैं।

सुधी पाठकों से आग्रह है कि वे इसे तन्मयतपूर्वक पढ़ें और अपनी बेशकीमती प्रतिक्रिया से हमें अवगत कराएं। आपके

बहुमूल्य सुझावों का सदैव स्वागत है। आपके सुझाव इस पुस्तक की सामग्री और गुणवत्ता में अतिरिक्त मूल्य जोड़ सकेंगे।

आशा है, इस पुस्तक को कड़ाके की सर्दी के बाद उगे सूरज की तरह सराहा जाएगा, और कई दिनों तक भूखे रहने के बाद मिले बेहद स्वादिस्ट आत्मीय व्यंजन की तरह ग्रहण किया जाएगा।

दिनांक: 22 जनवरी, 2024   -रामनिवास कुमार

पुस्तक लेखन से पूर्व

आत्मकथा किसी के जीवन का स्व-लिखित विवरण होती है। यह किसी व्यक्ति के जीवन की कहानी होती है जो उस व्यक्ति के द्वारा लिखी जाती है। आत्मकथा लेखन वह विधि है जिससे हम किसी इंसान के जीवन के बारे में जानकारी प्राप्त करते हैं। "माई कंट्री माई लाइफ" भारत के पूर्व उप-प्रधानमंत्री माननीय श्री लालकृष्ण आडवाणी की एक आत्मकथात्मक पुस्तक है। "इनडोमिटेबल" भारतीय स्टेट बैंक की पूर्व चेयरपर्सन अरुंधति भट्टाचार्य की आत्मकथा है, और "माई प्रेसिडेंशियल ईयर्स" भारत के पूर्व राष्ट्रपति महामहिम डॉ. प्रणव मुखर्जी की जीवनी है जो रामास्वामी वेंकटरमन के द्वारा लिखी गई है।

प्रस्तुत पुस्तक एक सामान्य सामाजिक व्यक्ति- श्री आशुतोष कुमार जी के बारे में है। मैंने उनके बारे में बहुत कुछ पढ़ा और सुना है। मैं उनकी सभी सकारात्मक गतिविधियों और सामाजिक कार्यों के साथ-साथ उनके सुख-दुःख से अवगत हूँ। अतएव, मैंने इस पुस्तक में उनकी और उनके परिवार के सदस्यों की सभी सार्वजनिक महत्वपूर्ण बातों का उल्लेख किया है । एक सैन्य कर्मी के रूप में उनकी देश सेवा के साथ-साथ उनके गुण दोषों को भी इस पुस्तक में बखूबी संकलित किया गया है। यह पुस्तक उनके विचारों का एक जीवंत दस्तावेज है ।

मैंने उनके जीवन की सभी घटनाओं, रिश्तों और समाज पर पड़ने वाले उनके प्रभाव की परख की है। मैंने उनकी जीवनी के लेखन में गहराई से प्रवेश किया है। यह पुस्तक उनकी हर चीज़ के बारे में ज़ोरदार तरीके से बात करती है; आपको दृढ़तापूर्वक कुछ नया करने की सोच प्रदान करती है।

श्री आशुतोष कुमार जी की जीवनी को कलमबद्ध करने से पूर्व मैंने उनसे इस विषय पर काम करने की अनुमति मांगी। जैसे ही मैंने उन पर किताब लिखने का अपना साहित्यिक विचार उनके सामने रखा, उन्होंने बड़े प्रसन्न मन से इसे तत्काल स्वीकार कर लिया। फिर, मैंने विषय के बारे में प्राथमिक स्रोतों की तलाश की। मैंने इस विषय से संबंधित तथ्यपरक गंभीर साक्षात्कारों की एक श्रृंखला शुरू की। मैंने कई स्थलों का दौरा किया जिनका उल्लेख करना महत्वपूर्ण था। और, यह सब इसलिए किया गया ताकि विषय की सत्यता तक पहुँच सकूँ, और पुस्तक को एक अच्छा इतिहास बनाने के लिए आवश्यक तथ्य ढूंढ सकूँ।

मैंने उन सभी स्थलों का दौरा किया जहाँ उन्होंने अपने जीवन में कई निर्णय लिए और सफलताएं पायीं। मैं उनकी बचपन की शरारतों को जानने और पारिवारिक विवरण प्राप्त करने के लिए राज्य के विभिन्न हिस्सों में रहने वाले उनके परिवार के सदस्यों और करीबी रिश्तेदारों के निरंतर संपर्क में रहा। घटनाओं के सही तथ्यों को जानने और अन्य संबंधित कारकों की पुष्टि करने के लिए मैंने उनके कई मित्रों तथा विरोधियों से भी रायशुमारी की ।

मैंने उनके कार्य, समय और स्थान का भी अध्ययन किया। मैंने उनके जीवनवृत्त को देश, काल व परिस्थिति के अनुसार समाज, राजनीति और संस्कृति पर शोध करते हुए कलमबद्ध किया । मैंने उन स्थानों पर होने वाली घटनाओं की जानकारी ली जहाँ वे अपने परिवार के सदस्यों के साथ रहा करते थे। इससे मुझे अधिक प्रभावी ढंग से लिखने में मदद मिली।

हमेशा की तरह यहाँ भी एक प्रसंग है । जब मैंने इस पुस्तक पर काम करना शुरू किया तो विषय की प्रकृति बहुत साफ थी। श्री आशुतोष कुमार एक सीधे और सरल व्यक्ति हैं, लेकिन उनका व्यक्तित्व बहुस्तरीय है। वे निर्णायक, दृढ़, अडिग विचार के हैं।

वे शांत स्वभाव के खुले विचार वाले व्यक्ति हैं। एक इंटरव्यू के दौरान उन्होंने कहा था, "हम अपने दरवाजे उन सभी लोगों के लिए खुले रखना चाहते हैं जिन्हें हमारी ज़रूरत है।" हालाँकि मैंने कभी भी उनके अभियान रैलियों में उनके साथ यात्रा नहीं की, तथापि मैंने अलग-अलग समय में करीब बीस बार उनका साक्षात्कार लिया और उन्हें करीब से देखा, क्योंकि मुझे उन पर लेखन कार्य करना था।

काफी मिलनसार होने के बावजूद श्री आशुतोष आमतौर पर निजी और पारिवारिक विषयों पर साक्षात्कार नहीं देते हैं। यह संभवतः पहली बार थी जब उन्होंने मेरे जैसे साधारण लेखक को ऐसी पहुँच प्रदान की। उनके साथ हुई व्यापक बातचीत में उन्होंने पहली बार अपने प्रारंभिक जीवन और सामाजिक-राजनीतिक करियर के बारे में जो विवरण प्रस्तुत किए हैं, उसे इस पुस्तक में यथार्थ रूप में शामिल किए गये हैं।

आशा है, आम पाठक वास्तविकता में इन तथ्यों को स्वीकार करेंगे और इस पुस्तक को पढ़ने में अधिक से अधिक रूचि लेंगे।

-रामनिवास कुमार

लेखकीय

"आशुतोष एक उत्कर्ष : सैनिक से मार्गदर्शक" शीर्षक से लिखी गई यह पुस्तक इस समय भारत के सबसे संघर्षशील व्यक्ति श्री आशुतोष कुमार की जीवन गाथा है । यह उनकी शुरूआती सामाजिक यात्रा का वृतांत है। वे एक नव स्थापित और वैधानिक रूप से पंजीकृत राजनीतिक दल- राष्ट्रीय जन जन पार्टी के सुप्रीमो हैं । उन्हें सवर्णों के प्रति अपने करिश्माई आह्वान और अन्य जातियों के बीच बढ़ती लोकप्रियता के लिए व्यापक रूप से जाना जाता है।

यह पुस्तक हमें उनके जीवन की कहानी, भारतीय सेना में उनकी सेवा और एक सौम्य राजनीतिक यात्रा की शुरुआत के बारे में बहुत कुछ बताती है। इनके जीवन की शुरुआत जहानाबाद (अब अरवल) जिले के एक साधारण ग्राम से होती है, और आज ये एक राष्ट्रीय शख्सियत के रूप में उल्लेखनीय रूप में तेजी से उभरते हुए दिख रहे हैं । विभिन्न उतार-चढ़ाव के बीच उनका जीवन धीरे-धीरे देश का इतिहास बनता जा रहा है। इसीलिए, एक प्रेरणादायक राजनीतिक जीवनी की विनम्र प्रस्तुति स्वीकार करने का कष्ट करें ।

सामाजिक जीवनी किसी विशेष व्यक्ति के सामासिक विकास को समझने के लिए महत्वपूर्ण होती है। यह पुस्तक आम लोगों, विशेषकर सवर्णों और दलित वर्गों, के हित में श्री आशुतोष कुमार और उनकी संस्था के सामाजिक आंदोलनों को समझने के लिए महत्वपूर्ण है। यह पुस्तक आपको श्री आशुतोष कुमार की सामाजिक संघर्षशील यात्रा और उनके संबोधन के अनूठे तरीके से रूबरू कराती है । यदि आप बिहार प्रान्त से हैं और सामाजिक विन्यास में आपकी दिलचस्पी है, तो यह पुस्तक आपका बेहतर चयन हो सकती है ।

यह पुस्तक उन चुनौतियों को पाठकों के सामने रखने का एक प्रयास है जिनका सामना श्री आशुतोष कुमार को शुरुआत से ही करना पड़ रहा है। वे यह बताना चाहते हैं कि उन्होंने अपने जीवन के शुरूआती दौर से हीं आने वाली बुरी से बुरी परिस्थितियों को भी किस प्रकार संभाला। वे बताते हैं कि आम जनता और विभिन्न विचारधाराओं वाले राजनीतिक नेताओं के समूह का विश्वास जीतने के लिए वे किस-किस प्रकार की मुश्किलात का सामना करते हैं। यह किताब सिर्फ उनकी कहानी नहीं है, बल्कि उनके नेतृत्व करने और लाखों उत्पीड़ित लोगों के सुख-दुःख को साझा करने का लेखा-जोखा है।

इस पुस्तक में उनके बेहद संघर्षपूर्ण, साहसिक और उद्यमी जीवन को दर्शाया गया है। बिहार के लोगों को उन्हें एक लोकप्रिय शुभचिंतक के रूप में पाने का सौभाग्य प्राप्त है। उनकी कहानी एक जीवंत और उल्लेखनीय रूप से स्पष्ट संस्मरण है।

पुस्तक में कुल पचास अध्याय हैं जिनमें उनके जीवन का संक्षिप्त इतिहास और विभिन्न विषयों पर उनके दृष्टिकोण और विचार शामिल हैं। सभी तथ्य और आंकड़े श्री आशुतोष कुमार द्वारा अनुमोदित हैं जिसके आधार पर लेखन कार्य किया गया है। इस पुस्तक में व्यक्त विचार और राय उन्हीं के हैं जिन पर यह पुस्तक लिखी गई है, और तथ्य यथार्थतः वही हैं जो उनके या उनके करीबियों द्वारा बताए गए हैं, जिन्हें यथासंभव सत्यापित किया गया है। किसी भी भिन्नता के लिए लेखक या प्रकाशक किसी भी प्रकार उत्तरदायी नहीं है । अलबत्ता, वह निश्चित रूप से व्याकरण, रचना, विराम चिह्न, साहित्यिक सौन्दर्य और भाषा शैली की स्वीकार्यता, इत्यादि में होने वाली त्रुटियों के लिए उत्तरदायी है। इन मामलों में किसी भी प्रकार की भिन्नता मानवीय भूल मानी जाएगी । ज्ञानी जन बताते हैं- भूल करनी मानव का स्वभाव है, क्षमा करना बड़ों का धर्म।

यह पुस्तक उनके सभी फॉलोअर्स और समाज के अन्य लोगों को अवश्य पढ़नी चाहिए, जो भारतीय उपमहाद्वीप में श्री आशुतोष कुमार जैसे तेजी से उभरते करिश्माई सामाजिक व्यक्तित्व के जीवन को समझने में रुचि रखते हैं।

-रामनिवास कुमार

पाठकों से दो शब्द

किसी ख्यातिलब्ध व्यक्तित्व की आत्मकथा किसी दूसरे व्यक्ति के लिए एक स्वयं-सहायता पुस्तक हो सकती है। हमारे जीवन में ऐसे समय आते हैं जब हम निराश हो जाते हैं, और हमें प्रेरणा के किसी बाहरी स्रोत की आवश्यकता होती है। ऐसे समय में हम प्रसिद्ध व्यक्ति की आत्मकथा से प्रेरणा ले सकते हैं, जो हमें लोगों की असली जिंदगी की कहानियां और घटनाएं बताती है।

बड़े लोगों के व्यापक दृष्टिकोण और उनके जीवन के अनुभवों को पढ़ना प्रेरणा के अतिरिक्त स्रोत के रूप में काम करता है। जब हम प्रभावशाली व्यक्तित्व की आत्मकथा से प्रेरणा लेते हैं तो इससे हमें बड़ी मदद मिलती है। भारत में ऐसे कई प्रसिद्ध हस्तियों का प्रादुर्भाव हुआ है जिन्होंने अपने क्षेत्र में उत्कृष्ट प्रदर्शन किया है। इन भारतीय हस्तियों ने सभी बाधाओं से संघर्ष किया है, और वे अपने साहस व संकल्प से सफलता के शिखर तक पहुंचे हैं। उनके जीवन ने भारतीयों की पूरी पीढ़ी को प्रेरित किया है, और यहाँ तक कि दुनिया भर के लोगों को प्रेरित करना जारी रखा है। उनमें से एक हैं- बिहार की धरती के सपूत सर्वमान्य श्री आशुतोष कुमार।

श्री आशुतोष कुमार एक उत्साही सर्वसुलभ सामाजिक कार्यकर्ता हैं। वे "आकाश की एक सीमा है" में विश्वास नहीं करते, वरन उनका मानना है कि यदि आप दृढ़ हैं तो आप आकाश से भी ऊँचा जा सकते हैं। इस जीवनी को पढ़ने का मुख्य कारण श्री आशुतोष कुमार के वास्तविक जीवन की घटनाओं से प्रेरित होना तथा सामाजिक और राजनीतिक जीवन के प्रति बेहतर दृष्टिकोण तैयार करना है।

कभी-कभी हमारे रास्ते में आने वाली कठिनाइयों के कारण भी हमारा जीवन समृद्ध होता है, और उनसे जो सबक मिलता है

उसे हमें अपने जीवन में अमल में लाना चाहिए। श्री आशुतोष कुमार के साथ ऐसा ही हुआ है जिसे मैंने इस पुस्तक में व्यक्त करने का प्रयास किया है। यह पुस्तक उनसे संबंधित सभी आवश्यक मुद्दों को समझने के लिए एक उपयोगी सामग्री है।

सभी सामाजिक कार्यकर्ताओं, सदस्यों, उनके अनुयायियों, शुभचिंतकों और उनसे स्नेह रखने वाले अन्य लोगों के पास इसे पढ़ने के पर्याप्त कारण हैं। आशा है, इस पुस्तक का ई-संस्करण अमेज़ॅन किंडल से एक लम्बी अवधि तक डाउनलोड किया जाता रहेगा, और प्रिंट पुस्तक को साहित्य की दुनिया की सबसे खूबसूरत सामग्री के रूप में सहर्ष स्वीकार की जाएगी।

-रामनिवास कुमार

प्राक्कथन

"आशुतोष एक उत्कर्ष : सैनिक से मार्गदर्शक" पुस्तक श्री आशुतोष कुमार के द्वारा लंबे समय से चल रहे कष्टसाध्य कार्यों की अभिव्यक्ति है । इस पुस्तक में उकेरी गई उनके जीवन की सभी कहानियाँ पढ़ने लायक हैं। यह बिहार के प्राचीन गौरव को पुनर्प्राप्त करने के लिए प्रयासरत श्री आशुतोष कुमार के जीवन के उपर लेखक द्वारा किया गया एक साहित्यिक उद्यम है ।

यह पुस्तक श्री आशुतोष कुमार, उनके परिवार के सदस्यों, करीबी रिश्तेदारों, उनके कनिष्ठों और अन्य शुभचिंतकों के साथ किए गए साक्षात्कारों पर आधारित है। यह उन रिपोर्टों और लेखों पर आधारित है जो कई समाचार पत्र-पत्रिकाओं में प्रकाशित होते रहे हैं । यह पुस्तक विभिन्न मीडिया चैनलों द्वारा प्रसारित कई वीडियो पर भी आधारित है। इस पुस्तक में श्री आशुतोष कुमार द्वारा लिखे गए कुछ पत्रों, निबंधों और नोट्स को भी शामिल किया गया है।

श्री आशुतोष के जीवन का यह लेखा-जोखा लेखक के द्वारा करीब चार वर्षों के व्यापक शोध और उन्हें जानने वाले विभिन्न लोगों के साथ मैराथन साक्षात्कार पर आधारित है, क्योंकि श्री आशुतोष ने अपने काम और जीवन को निष्पक्षता के साथ लेखक को एक्सेस करने की अनुमति दी है। लोगों के स्नेह को आकर्षित करने वाले उनके बारहमासी संघर्ष का वर्णन करने में लेखक अपने शब्दों के प्रति पूरी तरह ईमानदार दिखाई देते हैं।

यह पुस्तक आज बिहार की राजनीति में सबसे महत्वपूर्ण व्यक्ति का एक निष्पक्ष विवरण है। लेखक ने युवाओं के प्रेरणास्रोत श्री आशुतोष कुमार के जीवन मूल्यों का सुंदर विश्लेषण किया है। उनके अबतक के सामाजिक उत्थान, उनके राजनीतिक

दृष्टिकोण तथा देशनीति पर उनके व्यक्तिगत दर्शन का इस पुस्तक में बखूबी वर्णन किया गया है।

यह पुस्तक बिहार के लोगों की बिगड़ती आर्थिक स्थिति में सुधार के लिए श्री आशुतोष कुमार के द्वारा किये जा रहे कार्यों का सावधानीपूर्वक किया गया शोधपूर्ण विवरण है। पुस्तक में विभिन्न मुद्दों पर उनके विचार भी शामिल हैं जो हमें सकारात्मक रूप से प्रभावित करते हैं। यह पुस्तक भविष्यकालीन बिहार का स्पष्ट चित्रण प्रस्तुत करती है।

तथ्यात्मक जीवनी की विश्वसनीयता मायने रखती है। लेखक ने बिल्कुल वैसा ही लिखा है जैसा श्री आशुतोष कुमार या उनके निकट के प्रियजनों ने उन्हें बताया है। उनके लिए इस पुस्तक का संतुलन बनाए रखते हुए इसे बिल्कुल सही ढंग से प्रस्तुत करना महत्वपूर्ण था। आपसी समन्वय और समझ बहुत मायने रखती है। इस पुस्तक का लेखन कार्य पारस्परिक व्यवहार एवं सौहार्द्रपूर्ण विश्वास पर आधारित है।

श्री आशुतोष कुमार एक आख्यान के पात्र हैं जिन्हें लेखक ने इस पुस्तक में प्रस्तुत किया है। कथन बिल्कुल सरल, संतुलित, वस्तुनिष्ठ और निष्पक्ष है। यह उनके साहसी रवैये की भी कड़ी आलोचना है। यह पुस्तक इस बात का प्रमाण है कि श्री आशुतोष कुमार अपने विचारों की स्पष्टता के लिए जाने जाते हैं। यह उस व्यक्ति और भविष्यकालीन बिहार का स्पष्ट प्रतिबिंब है। ऐसे देश में जहाँ सामाजिक संस्मरण, विशेषकर सक्रिय सामाजिक कार्यकर्ताओं पर, दुर्लभ हैं- यह पुस्तक एक मील का पत्थर है। मुझे आशा है, प्रस्तुत पुस्तक उच्च साहित्यिक मानक पर खरी उतरेगी।

-सुनील शर्मा

पुस्तक परिचय

यह पुस्तक बिहार के सबसे लोकप्रिय, सम्मोहक और उभरते व्यक्तित्वों में से एक- युवाओं के प्रेरणास्रोत और बिहार के सामासिक आकाश में एक नव उदीप्त सितारा- श्री आशुतोष कुमार के जीवन के बारे में है। पुस्तक अनोखी और आकर्षक कहानियों से भरपूर है। बिहार में अन्यायपूर्ण प्रथाओं से पीड़ित लोगों के लिए श्री आशुतोष कुमार सामाजिक न्याय के मुखर आवाज हैं। वे समाज के कमजोर वर्गों के कल्याण के लिए लगातार संघर्ष कर रहे हैं। पिछले कुछ वर्षों से एक अत्यंत प्रभावी संदेशवाहक के रूप में उनकी छवि निखरती जा रही है। वे बिहार और पड़ोसी राज्यों के करोड़ों लोगों के लिए आशा की एक किरण हैं। प्रस्तुत पुस्तक एक लोकप्रिय कार्यकर्त्ता की कई कहानियों तथा उनके लिए बड़ी चुनौतियों के साथ-साथ अन्यान्य उपलब्धियों को दर्शाती है।

विगत कुछ वर्षों में उन्होंने अपने प्रशंसकों के साथ-साथ आलोचकों की भी एक बड़ी फौज खड़ी कर ली है। लेकिन, जो बातें उनके साथ खड़े लोगों और उनका विरोध करने वालों को एकजुट करती हैं, वे इस तथ्य की स्वीकृति है कि वर्तमान समाज में उन्हें आसानी से नजरअंदाज नहीं किया जा सकता है, और वे हमारे सार्वजनिक जीवन में एक विशिष्ट स्थान रखते हैं।

यह पुस्तक आशुतोष कुमार नाम के एक साधारण व्यक्ति के जीवन और उनके समय की जानकारी से भरा दिलचस्प इतिहास है, जो चौबीसों घंटे भारत के वृहत समाज के युवाओं के अवसाद और अन्य श्रेणियों के गरीबों की जर्जर स्थिति के कारणों पर विचार करते रहते हैं। वे न केवल भारतीय समाज के हालिया इतिहास को जी रहे हैं, बल्कि कई तरीकों से इसे निर्णायक रूप में आकार भी दे रहे हैं।

यह किताब कोई साधारण जीवनी नहीं है । यह किसी व्यक्ति के चतुर विचारो का लेखा-जोखा मात्र नहीं है। लेखक ने उनके विचारों के बारे में जानने का भरपूर प्रयास किया है जिनका उपयोग वे अपनी सामाजिक गतिविधियों के दौरान बड़ी शालीनता के साथ किया करते हैं। इस पुस्तक में लेखक ने जो कुछ लिखा है- वह बिल्कुल सटीक, रोचक और तथ्यपरक है।

आशा है- पाठक, खासकर भारत का युवा वर्ग, इस प्रेरणादायी पुस्तक को पढ़ने में विशेष रुचि लेंगे और अपने परिवार, दोस्तों तथा रिश्तेदारों को इसकी अनुशंसा करेंगे।

-पुष्कर नारायण सिंह

1
आशुतोष : एक नया सवेरा

श्री आशुतोष कुमार का जन्म 10 जून, 1986 को बिहार प्रान्त के जहानाबाद जिले के एक छोटे से गाँव- राज खरसा में हुआ था, जो वर्तमान में अरवल जिले में पड़ता है। उनकी माँ, श्रीमती लालमणि देवी, अपने गाँव की सर्व सम्मानित महिला हैं। वे एक सभ्य भूमिहार ब्राह्मण परिवार से आने वाली कुशल गृहिणी हैं। उनके पिताश्री को लोग आदरपूर्वक आचार्य लव जी के नाम से जानते हैं, जो पिछले चालीस वर्षों से हिंदू धर्म का ध्वजा फहरा रहे हैं। वे हिन्दी और संस्कृत के बड़े विद्वान हैं। उन्हें ज्योतिष शास्त्र में उच्च विशेषज्ञता प्राप्त है। वे एक आध्यात्मिक कथावाचक हैं जिन्हें कथा व्यास के नाम से जाना जाता है।

जन्म के वक्त ही शिशु आशुतोष की कुंडली से पता चल गया था कि यह शिशु आगे चलकर एक अदम्य साहसी, दृढ़ निश्चयी और उच्च क्रांतिकारी अंतर्दृष्टि वाला सामाजिक कार्यकर्ता होगा। कुंडली में इन्हें एक बड़ा देशभक्त भी बताया गया था।

इसी ग्राम के रहने वाले एक सख्त अनुशासनप्रिय और भारतीय सभ्यता के ध्वजवाहक, सांस्कृतिक गुरु श्री नलिन शर्मा जी उनके पहले शिक्षक थे जिन्होंने उन्हें अक्षरों और अंकों की दुनिया में प्रवेश कराया। इनका परिवार कतरासीन महंत परम पूज्य स्वामी राम प्रपन्नाचार्य जी महाराज के शुभ आशीर्वचनों से अपना धार्मिक कार्य सम्पन्न करता है। आज इन्हें सारे समाज का आशीष प्राप्त है। हम इनके भले की कामना करते हैं।

नए युग की शुरुआत

श्री आशुतोष एक अतिसाधारण परिवार से आने वाले नेक दिल इंसान हैं। इन्होंने अपनी प्रारंभिक शिक्षा अपने गाँव के स्कूल-स्वामी सहजानंद सरस्वती विद्यालय में प्राप्त की। वहाँ एक छोटा पुस्तकालय भी है, जहाँ वे महान नायकों पर कहानी की किताबें पढ़ा करते थे। उन्होंने वर्ष 2001 में 10वीं की बोर्ड परीक्षा पास की।

इनका बचपन कोई बहुत समृद्ध नहीं था। पूरा लड़कपन जैसे-तैसे गरीबी में बीता। साल बीतते गए; बालक बड़ा होता गया। कच्ची उम्र में हीं मातृभूमि की सेवा के प्रति उनका विचार परिपक्व हो गया। मात्र 16 साल और 3 महीने की छोटी उम्र में अपने राष्ट्र के प्रति उच्च देशभक्ति की भावना से ओतप्रोत होकर 18 सितंबर, 2002 को भारतीय सेना में शामिल हो गए और लगभग नौ वर्षों तक बेहद उम्दा सेवा दी। इस अवधि के दौरान उन्हें जम्मू-कश्मीर के बारामूला, कुपवाड़ा, राजौरी और पुंछ सेक्टरों में तैनात किया गया जो सभी आतंकवाद प्रभावित क्षेत्र थे।

दृढ़ इच्छाशक्ति के साथ काम करने वाला एक व्यक्ति अपने समाज के हितार्थ काम करने के लिए कुछ और स्वतंत्रता चाहता था। दरअसल, वे सिसकते हुए अपने समाज की आत्मीय भाव में सेवा करने को उत्सुक थे। इसलिए, उन्होंने 13 जून, 2011 को भारतीय सेना से अपनी नौकरी से इस्तीफा दे दिया और एक सामाजिक कार्यकर्ता के रूप में सुंदर और हितकारी कार्य करना शुरू कर दिया। आज सारा समाज आपको उच्च निगाह से देखता है।

3
आशुतोष : एक परिचय

श्री आशुतोष कुमार भूमिहार ब्राह्मण एकता मंच फाउंडेशन के संस्थापक हैं। वे "राष्ट्रीय जन-जन पार्टी" नामक राजनीतिक दल के भी संस्थापक हैं। वे एक बड़े सामाजिक कार्यकर्ता और राजनीतिक नेता हैं। वे कोई निजी व्यक्ति नहीं, बल्कि जन-जन के सरोकारी व्यक्ति हैं।

आशुतोष कभी भी चुनौतियों और विवादों से विचलित नहीं होते। अदम्य साहस के साथ बोलते हैं। अपने दर्शकों को संबोधित करते समय, या अपने विरोधियों पर हमला करते समय शब्दों का कभी गलत इस्तेमाल नहीं करते- यही उनकी पहचान है।

उनकी लड़ाई सिर्फ अन्याय के खिलाफ है। वे वंचितों के लिए काम करते हैं, यहाँ तक कि वे सामन्त कुल का भी ध्यान रखते हैं। वे वास्तव में भारतीय समाज, विशेषकर बिहार राज्य में हाशिए पर रहने वाले और किसी तरह गुजर-बसर करने वाले गरीब लोगों के उत्थान के लिए काम कर रहे हैं।

श्री आशुतोष कुमार को निकट भविष्य में सामाजिक न्याय का चैंपियन माना जा सकता है जो समाज के अन्य कमजोर वर्गों के साथ-साथ सवर्णों के लिए भी लगातार संघर्ष कर रहे हैं। वे बिहार की हालिया राजनीति पर एक बड़े टिप्पणीकार हैं।

वे इतिहास में बहुत पीछे नहीं जाते, बल्कि खुद एक नया इतिहास लिखने की कबायद कर रहे हैं है। आने वाले समय में वे भारत के सबसे प्रभावशाली राजनीतिक दिग्गजों में से एक होंगे- ऐसी उम्मीद है।

महामारी के दौरान एक बड़ी आशा

वर्ष 2020 में भारत के इतिहास में एक बहुत बड़ी काली घटना घटी। और, वर्ष 2021 में उस घटना की उससे भी अधिक गंभीर पुनरावृत्ति हुई- महामारी। चारों ओर मौतों और मौतों की बौछार थी। लोगों ने अपने को क्रूरतम भाग्य के हाथों छोड़ दिया था।

चारों ओर असामयिक मौतों की मूसलाधार थी। देशवासी भारी संकट में थे। पर, तब भी कुछ ऐसे मुस्कुराते रहे थे मानो सब कुछ सामान्य हो और चिंता की कोई बात ही न हो। तब देश में आपदा में अवसर का नया नारा दिया गया, और चौतरफा लुट शुरू हो गई।

उस समय की स्थिति का सटीक अंदाजा लगाना नामुमकिन है। समग्र स्थिति वर्णन से परे है। संक्रमण फैलने और कोरोना वायरस से संक्रमित होने के डर ने सभी को घरों में नजरबंद कर दिया था।

अनगिनत ढह गए ताश के पत्ते की तरह। लोग गिर रहे थे कटे हुए पेड़ की तरह। असंख्य लोगों को प्रकृति की दया पर छोड़ दिया गया। महामारी में काल के क्रूर हाथों से बच पाना लगभग नामुमकिन था। उनकी आँखों में छुपे आँसुओं को पोछने वाला भी कोई नहीं था।

ऐसी भयावह स्थिति में श्री आशुतोष कुमार अपने घनिष्ठ मित्रों- हरेंद्र, नवीन, संतोष, पवन और अन्य लोगों के साथ अत्यधिक शिद्दत और अपनी अनंतिम क्षमता के अनुसार सिसकती मानवता की सेवा करने के लिए निकले पड़े थे। उस समय लागू कोरोना दिशानिर्देशों का पालन करते हुए ये अपने साथियों के

एक बड़े समूह के साथ यहाँ-वहाँ हजारों गाँवों का दौरा किया और लाखों जरूरतमंद लोगों की मदद की।

उन्होंने नवादा, बेगुसराय, समस्तीपुर और दिल्ली एनसीआर के स्लम इलाकों (दलित टोलों) में दलितों और अन्य गरीब लोगों को खाद्य सामग्री और अन्य जीवन रक्षक वस्तुएं वितरित की और हजारों लोगों की जान बचाई । उनकी निस्वार्थ सेवाओं को हमेशा याद रखा जाएगा।

एक सामाजिक अग्रदूत

श्री आशुतोष कुमार उच्च वर्ग के साथ-साथ निम्न वर्ग के लोगों के भी अग्रदूत हैं। उन्हें बिहार की धरती का पुत्र माना जाता है। वे अति साधारण भूमिहार परिवार से निकले हुए सर्वजन नायक हैं। वे उच्च दृढ़ता और अच्छे नेतृत्व गुण वाले एक सिद्ध सामाजिक कार्यकर्ता हैं। वे भूमिहार ब्राह्मण एकता मंच फाउंडेशन के संस्थापक हैं। उनके कुशल नेतृत्व में एक बड़ी चिर-प्रतीक्षित सामाजिक क्रांति होने की संभावना है।

भगवान श्री परशुराम की आंतरिक आध्यात्मिक शक्ति भारतीय युवाओं में धुँधली होती जा रही है जिसे पुनर्जीवित करना जरूरी है। वे बिहार के क्रूर राजनीतिक आसमान को अपने लोगों के उपर छाने नहीं देना चाहते। इसलिए, अपने चारों ओर व्याप्त सभी बुराइयों को दूर करने हेतु आदर्श लड़ाई लड़ रहे हैं। ऐसा प्रतीत होता है कि आने वाले वक्त में एक सुंदर सामाजिक क्रांति होने वाली है।

श्री आशुतोष कुमार अपने विचारों की स्पष्टता के लिए जाने जाते हैं। वे राजनीतिक भाषा में कहते हैं- "हम लाठी, गोली और जेल से डरने वाले लोग नहीं हैं, बल्कि अपने अधिकारों के लिए लड़ने वाले लोग हैं।"

वे अगले बिहार के प्रतिबिंब के रूप में देखे जा रहे हैं। उनके उपर लिखी पुस्तक- "आशुतोष द राइजिंग : सोल्जर टू लीडर के बारे में पाठकों के एक बड़े समूह का कहना है- "ऐसे देश में जहाँ राजनीतिक संस्मरण, विशेषकर सक्रिय राजनेताओं पर, दुर्लभ है- यह पुस्तक एक मील का पत्थर है। उन्हें समग्रता से जानने के लिए हर किसी को यह पुस्तक पढ़नी चाहिए।

राजनीति की नई परिभाषा

श्री आशुतोष कुमार भारतीय समाज की राजनीति की नई परिभाषा हैं। वे एक संघर्षशील नेता हैं जिन्हें हर किसी का पूरा समर्थन प्राप्त है। वे अपनी महती जिम्मेदारी को समझते हैं और वृहत समाज की उद्देश्य पूर्ति हेतु कार्य कर रहे हैं। वे सचमुच एक आग का दरिया हैं। समस्त बिहार वासियों को विश्वास है कि वे एक दिन राज्य का नेतृत्व करेंगे और एक बेहतर बिहार बनाएंगे।

श्री आशुतोष कुमार राम मनोहर लोहिया, जयप्रकाश नारायण, महात्मा गांधी, बी.आर. अम्बेडकर, नेल्सन मंडेला, अब्राहम लिंकन और कई अन्य लोगों से प्रभावित रहे हैं। चाहे छात्र राजनीति हो, या मुख्यधारा की राजनीति- वे हमेशा अपने अंतर्मन से निर्देशित होते हैं। समाज सेवा के रूप में प्राकृतिक वृत्ति उन्हें हर समय बुलाती है। उनकी ईमानदारी, सादगी और वक्तृत्व कौशल उन्हें मगध के एक बड़े क्षेत्र से लेकर पूरे बिहार तक- एक प्रतिष्ठित व्यक्ति के रूप में खड़ा कर रही है।

समाज से चंदे के रूप में मिल रहे आर्थिक सहयोग से वे समाज सेवा की अपनी गति को आगे बढ़ा रहे हैं। उन्होंने राष्ट्रीय राजनीतिक ध्रुव की ऊँचाईयों को छूने की दिशा में भी तेजी से कदम बढ़ा दिया है।

मूलतः एक क्षेत्रीय नेता होते हुए भी वे बिहार की राजनीति में बड़ा योगदान दे रहे हैं। उनका प्रभाव गृह जिले से आगे बढ़कर देश के कई राज्यों में फैल रहा है। वे अक्सर राज्य में महत्वपूर्ण राजनीतिक उथल-पुथल और सामाजिक विकास पर प्रभाव डाल रहे हैं। वर्तमान राजनीतिक परिदृश्य में कुछ ही नेता श्री आशुतोष कुमार की बराबरी कर सकते हैं।

श्री आशुतोष की अपील और करिश्मा कल्पना से परे है। वे एक अलग पथ प्रज्जवलित कर रहे हैं । वे हमारे बीच बिहारीपन की खुशबू लेकर आते हैं। वे सचमुच वर्तमान गंदी राजनीति में आशा और पुनर्जीवन का एक झोंका हैं। आशा ही नहीं, पूर्ण विश्वास है- वे एक दिन अवश्य समाज के सभी वर्णों के अवसाद का अचूक इलाज करेंगे ।

भारतीय राजनीति में चमकता सितारा

श्री आशुतोष कुमार मूलतः एक क्षेत्रीय नेता होते हुए भी बिहार की राजनीति में बड़ा योगदान दे रहे हैं। उनका प्रभाव उनके गृह जिले से बहुत आगे बढ़ गया है। वे आम जनता को अपनी आस्था के केंद्र में रखते हैं, क्योंकि उनके बिना वे कुछ भी नहीं होते। आमजन भी उनकी विभिन्न गतिविधियों और परिश्रम के कारण उनके प्रति अत्यधिक आकर्षित रहती है।

वे महात्मा गांधी के करिश्मे, लाल बहादुर शास्त्री की सादगी, सरदार वल्लभभाई पटेल की इच्छा शक्ति, डॉ. बी. आर. अम्बेडकर के ज्ञान और पं. नेहरु के दृष्टिकोण को अपना आदर्श मानते हैं। जय प्रकाश नारायण, राम मनोहर लोहिया और चौधरी चरण सिंह की ईमानदारी से वे बहुप्रकारेण प्रभावित हैं। उनका जीवन हमारे समाज के अंतिम व्यक्ति के प्रति समर्पित है। उनके जीवन में निजी या व्यक्तिगत कुछ भी नहीं है।

भारतीय सेना में एक कुशल सैनिक के रूप में अपने कार्यकाल से लेकर आज तक वे सराहनीय कार्य करते रहे हैं और अपनी एक बेदाग पहचान बनाई है। अधिकांश लोग उन्हें बिहार के भावी मुख्यमंत्री के रूप में देखते हैं।

हालाँकि उनकी उम्र अभी बहुत अधिक नहीं है, फिर भी उन्होंने पूरे राजनीतिक क्षेत्र के लोगों का सम्मान और प्रशंसा हासिल की है जिनमें उनके प्रतिद्वंद्वी भी शामिल हैं। उनका जीवन भारत के लोकतंत्र के लिए समर्पित है। वे अरवल के सुदूर गाँव- राज खरसा से निकलकर बिहार के दबे-कुचले और वंचित लोगों के हित में व्यापक स्तर पर काम कर रहे हैं। उन्होंने अपने समर्थकों से कहा है- "अनेकता में एकता हमारा कॉलिंग कार्ड

है। एक आदर्श नागरिक के तौर पर इस भव्य विरासत का सम्मान करना हमारा कर्तव्य है।"

आशुतोष अद्वितीय हैं । उनका जीवन, सवर्णों के साथ-साथ वंचितों के अधिकार को बचाने के लिए, उनकी लड़ाई का एक दिलचस्प, व्यावहारिक और मुखर विवरण है।

एक बहादुर सैनिक

आशुतोष कुमार एक सैनिक थे, एक बहादुर भारतीय सैनिक। कम उम्र में हीं उनमें देशभक्ति की भावना प्रबल थी। निःस्वार्थ सेवा और निष्ठा की तीव्र भावना से ओतप्रोत होकर वे 18 सितंबर, 2002 को लगभग साढ़े सोलह वर्ष की उम्र में भारतीय सेना में शामिल हो गए थे। उन्होंने लगभग नौ वर्षों तक वहाँ सेवा की। पर, अपनी आंतरिक इच्छा के अनुरूप सिसकती मानवता की सेवा करने के लिए सेना से इस्तीफा दे दिया और 13 जून, 2011 को सेना की नौकरी से स्थायी अवकाश प्राप्त कर लिया।

श्री आशुतोष देशभक्ति की सच्ची अभिव्यक्ति हैं। वे अपनी जन्मभूमि के प्रति प्रेम के तत्व पर जोर देते हैं। वे एक सामाजिक कार्यकर्त्ता के रूप में सच्चे भाईचारे का प्रतीक हैं। उनके ऑफिसर्स-इन-कमांड हमेशा उनकी प्रशंसा किया करते थे। मेरी जानकारी में मेजर जनरल धर्मेंद्र सिंह गिल हमेशा उनकी और उनके कार्यों की सराहना किया करते थे।

श्री आशुतोष कहा करते हैं, "चाहे युद्ध हो या किसी के जीवन में कोई कठिन चुनौती, जीतने के लिए व्यक्ति में उच्च धैर्य, दृढ़ता, समर्पण और निरंतर कठिन परिश्रम करने वाला होना चाहिए।"

एक सैनिक के जीवन पर आशुतोष कहते हैं: "एक सैनिक बनना आसान नहीं है। वास्तव में, सैनिक बनना सबसे चुनौतीपूर्ण कार्यों में से एक है। एक सैनिक का जीवन कठिनाइयों और परिवर्तनों से भरा होता है जिसका सामना कोई सामान्य व्यक्ति नहीं कर सकता। वह अपना ज्यादातर समय प्रियजनों से दूर बिताता है, पर कभी भी भावनात्मक रूप से परेशान नहीं होता।"

सैनिकों के बारे में श्री अशुतोष कहते हैं कि सैनिक किसी देश की सबसे बड़ी संपत्ति में से एक होते हैं। वे राष्ट्र के संरक्षक हैं। वे हर कीमत पर अपने नागरिकों की रक्षा करते हैं। इसके अलावा, वे बहुत निस्वार्थ लोग होते हैं जो देश के हित को अपने निजी हितों से ऊपर रखते हैं। एक सैनिक की नौकरी दुनिया में सबसे कठिन कार्यों में से एक है। उनसे गंभीर चुनौतियों का सामना करने की अपेक्षा की जाती है। उनका जीवन बहुत कठिन होता है। वे कई महत्वपूर्ण कठिनाइयों के बावजूद हमेशा अपने कर्तव्यों को पूरा करते हैं।

सैनिकों पर उनके विचार

श्री आशुतोष मानते हैं कि जब सैनिक अपना कर्तव्य निभाता है तब देश चैन की नींद सोता है। एक सैनिक का पहला और सबसे महत्वपूर्ण कर्तव्य बिना किसी स्वार्थ के अपने देश की सेवा करना है। एक व्यक्ति अपनी मातृभूमि के प्रति प्रेम और उसकी रक्षा के लिए सेना में शामिल होने को तैयार होता है। भले ही वह जानता है कि उसे कई समस्याओं का सामना करना पड़ेगा, फिर भी वह अपने देश के लिए ऐसा करता है।

इसके अलावा, सैनिक अपने देश के सम्मान की रक्षा करता है। वे विपरीत परिस्थितियों में भी पीछे नहीं हटते, बल्कि अपना सर्वश्रेष्ठ बलिदान देते हैं। देश के लिए उन्हें अपनी जान भी देनी पड़े तो इसके लिए तैयार रहना पड़ता है। एक सैनिक कभी ड्यूटी से बाहर नहीं होता। चाहे वह अपने बंकर में सो रहा हो, या युद्ध के मैदान में खड़ा हो- वह हर समय सतर्क रहता है।

एक निजी मुलाकात में श्री आशुतोष ने लेखक को बताया कि सबसे महत्वपूर्ण बात यह है कि एक सैनिक का कर्तव्य देश में शांति और सद्भाव बनाए रखना होता है। वह सीमा की रक्षा के अलावा सभी के लिए सुरक्षित वातावरण सुनिश्चित करने की जिम्मेदारी लेता है। आपातकाल की स्थिति में वे हमेशा आमजन के साथ होते हैं। वे किसी भी स्थिति को सावधानीपूर्वक संभालना जानते हैं, चाहे वह आतंकवादी हमला हो या प्राकृतिक आपदा। स्थिति को नियंत्रण में लाने के लिए स्थानीय अधिकारियों को उनकी आवश्यकता पड़ती है।

युद्ध लड़ने के लायक बनाने के लिए सैनिकों को कठोर प्रशिक्षण से गुजरना पड़ता है। यह थका देने वाला और शारीरिक रूप से बेहद चुनौतीपूर्ण कार्य होता है, लेकिन फिर भी वे इसे

सफलतापूर्वक पूरा करते हैं। कभी-कभी उन्हें सामान्य जीवन जीने के लिए पर्याप्त मात्रा में आपूर्ति भी नहीं मिलती है, कभी खाने का राशन कम हो जाता है, तो कभी वे बिना किसी सिग्नल के दूरदराज के इलाकों में तैनात कर दिए जाते हैं । यह सब राशन, पैसे या बुनियादी ढांचे की कमी के कारण नहीं, बल्कि उनकी प्रतिक्रिया को परखने के लिए मीटर के रूप में होता है जिससे उन्हें सफलतापूर्वक गुजरना पड़ता हैं । एक सैनिक सरहद पर हमेशा निगहबान होता है ।

एक सैनिक की कहानी

कभी कभी कुछ कहानियाँ किंवदंतियाँ बन जाती हैं, और वे किंवदंतियाँ बार-बार बताई जाने लायक होती हैं। वे त्याग, साहस, समर्पण, जुनून और प्रेम की कहानियाँ हो सकती हैं। यहाँ हम उस नायक की कहानी की तरफ इशारा कर रहे हैं जिन्होंने देश की रक्षा के लिए अपने जीवन के अहम नौ साल सेना को समर्पित की। उस सैनिक का नाम है- सैन्य योद्धा श्री आशुतोष कुमार।

सैनिक आशुतोष ने युवाओं को वीरता का वास्तविक अर्थ समझाया है। उनकी कहानी युवाओं के लिए एक प्रेरणा है। उन्होंने समझाया कि कैसे एक सैनिक देश और देशवासियों की रक्षा करते हैं और उन्हें एकजुट कर रखे हुए हैं, ताकि आसमान में ऊँची हवा के साथ अपना तिरंगा सदा लहराता रहे।

वीर जवानों की कुछ कहानियाँ ऐसी हैं जो निश्चित तौर पर आपका दिल गर्व से भर देंगी। सुनने पर आपको एहसास होगा कि देश को आज़ादी मुफ़्त में नहीं मिली। यह सुनिश्चित करने के लिए कि हम अपनी रातें शांति से बिता सकें, वर्दीधारी लोग अपना खून पसीना बहाते रहे हैं।

सैनिक आशुतोष कुमार (अब समाज सेवा में सक्रिय) मुख्यतः आतंकवादग्रस्त क्षेत्रों में तैनात रहे। दूर से उन्हें देख दुश्मन का कलेजा डर से कांपने लग जाता था, क्योंकि यह अकेला आदमी दुश्मन के एक बटालियन के बराबर था। वह न केवल एक कट्टर सैनिक था, बल्कि एक तीक्ष्ण बुद्धि का धनी इन्सान भी था।

उसने दुश्मन को भ्रम में रखने के लिए व्यूह रचना की रणनीति बनाई। एक निजी मुलाकात में सैनिक आशुतोष ने लेखक को

बताया कि भीषणतम लड़ाई की अनंतिम स्थिति में इससे पहले कि दुश्मन उन पर अपना क्रूर हाथ डाल दे और पकड़कर आजीवन गुलाम बना ले, इस सैनिक ने तिरंगे के मान में खुद को गोली मार लेने का फैसला कर लिया था। यूँ तो इस सैनिक का सामना करने का कोई दुश्मन सहस ही नहीं कर सका, और कोई भीषण झड़प नहीं हुई, फिर भी अपने सेवाकाल के दौरान इन्होंने जो साहस दिखाया, वह असाधारण था।

सुरक्षा अत्यधिक चिंता का विषय है । इस सैनिक- श्री आशुतोष कुमार- के द्वारा किए गए अपने कर्तव्यों और निष्पादित कार्यों का सटीक और विस्तृत विवरण, सेना प्रतिष्ठानों और पूरे राष्ट्र की सुरक्षा के कारणों से पूरी तरह वर्णित नहीं किया जा सकता है। कोई भी लेखक किसी सैनिक के कार्यों का रेशा-रेशा बयाँ नहीं कर सकता, न हीं उसे ऐसा करना चाहिए । सुधि पाठकों से आग्रह है कि वे लेखनी के मर्म को समझने का कष्ट करें ।

श्री आशुतोष को भारतीय सेना में उनके अजेय जज्बे के लिए आगे भी याद किया जाएगा। वह भारतीय सेना के लिए एक शेर थे। उन्होंने अपना सिर हमेशा एक ही लक्ष्य के साथ ऊँचा रखा, यानी- देश की एकता, अखंडता और संप्रभुता को अक्षुण्ण बनाए रखना।

सैन्य योद्धा का युवाओं को संदेश

भारतीय सेना के श्रेष्ठ नायक श्री आशुतोष कुमार सेना में शामिल होने के इच्छुक युवाओं को विशेष संदेश दे रहे हैं। वे भारतीय युवाओं को प्रोत्साहित करते हुए कुछ इस प्रकार कहते हैं:

आम जनता के सामने कभी भी आपके द्वारा निभाए गए कर्तव्यों, और किए गए कार्यों के बारे में विस्तार से सटीक स्थान बताते हुए चर्चा न करें।

अगर किसी दोस्त, परिचित, सगे–संबंधी या अन्य किसी व्यक्ति के द्वारा पूछा जाए तो चतुराई से बताने से बचें।

खराब मौसम होने के बावजूद, उस क्षेत्र में स्थानांतरित होने और उस क्षेत्र को फ़ौरन कवर करने (घेर लेने) के आदेश के लिए हमेशा तैयार रहें जहां आतंकवादियों की गतिविधियों को आखिरी बार देखा गया था।

इस बात से अच्छी तरह अवगत रहें कि आपका जीवन बहुत खतरे में है। मौत तो हमेशा आपके सामने खड़ी है।

अपनी गंभीर चोट के बावजूद घुटने टेक देने का सवाल हीं नहीं।

एक सैनिक का बलिदान कभी व्यर्थ नहीं होता। उनकी मृत्यु सदैव सामान्य मृत्यु से हटकर होती है।

हर सैनिक जानता है कि एक अनजान गोली उसके खून का इंतज़ार कर रही है। अपने राष्ट्र के लिए ऐसा जोखिम उठाने में गर्व महसूस करें।

कोई भी गोली भारतीय जवानों के जज्बे को कम नहीं कर सकती, और दुश्मन के सामने खड़ी भारतीय सेना को उसकी कोई गोली नहीं रोक सकती।

शहीद सदैव आमजन के दिलों में रहते हैं।

एक सैनिक की कहानी अगली पीढ़ी तक विरासत के रूप में जाती है।

देशवासी उन सभी सैनिकों के प्रति आभारी हैं जो हमारे लिए और हमारी आजादी के लिए लड़े।

हमेशा युद्ध के लिए तैयार रहने की भावना रखें, और आमजन के बीच नम्रता, पर आवश्यक होने पर दृढ़ता के साथ व्यवहार करें।

शालीनता, सौम्यता और विनम्रता आपके आभुषण हैं। आम जीवन में मर्यादा और शुचिता का पालन जरूरी हैं।

सफलता और असफलता का सम्मिश्रण

श्री आशुतोष एल्विस प्रेस्ली की सीख को दुहराते हुए बार-बार आम जन को कह रहे हैं कि जो गलत हैं उनके साथ मत जाओ।

पहले अपनी सोच को बड़ा करो, ठीक करो और इसे अपने खास स्टाइल से लम्बी दूरी तक की प्लानिंग के साथ करना प्रारंभ करो। दुश्मन भी आपके साथ आने के लिए, और आपकी बात मानने के लिए तड़प उठेगा।

आशुतोष अपने जीवन में एक असफल आदमी था। उसने अपनी असफलता से उबरने के लिए लगातार कड़ी मेहनत की और कभी हार नहीं मानी। अब उनके कार्यों को सामाजिक और राजनीतिक रूप में आंशिक आलोचना के साथ प्रारंभिक सफलता मिलने लगी। आज वे अविश्वसनीय रूप से सामाजिक शक्ति का विपुल भंडार बन चुके हैं।

यह बात सही है कि श्री कुमार के सामाजिक कार्यक्रमों की शुरुआत अच्छी नहीं रही। पर उन्होंने अपनी शुरुआत जल्दी कर दी। आज उन्होंने राजनीति में भी काम करना शुरू कर दिया। यहाँ उन्हें अबतक बहुत बड़ी सफलता तो नहीं मिली, पर धीरे-धीरे उन्हें सामाजिक प्रतिष्ठा और कुछ हद तक राजनीतिक सफलता भी मिलने लगी।

वे कहा करते हैं कि यदि हालात कठिन होने के कारण अब्राहम लिंकन ने अपना कार्य छोड़ दिया होता तो वे राष्ट्रपति नहीं बनते, और तब उनकी और अमरीकी दुनिया कुछ अलग होती।

एक युवा व्यक्ति के रूप में आशुतोष ने लड़ाकू सैनिक के रूप में सैन्य सेवा में प्रवेश किया। लेकिन भारत के वृहत समाज के

हित के लिए जल्दी ही नौकरी छोड़ दी। आशुतोष कुमार इस बात का सटीक उदाहरण हैं कि सफलता किसी को कभी भी यूँ ही नहीं मिल सकती।

आज वे सामाजिक रूप में पिछड़ रहे व्यक्तियों का हितसाधक कार्य करना चाहते हैं । उन्होंने खुद का किसी प्रकार का दिखावा न करते हुए अपनी सारी ऊर्जा उस एकमात्र कार्य को पूरा करने में लगानी शुरू कर दी है जो सवर्णों सहित सभी पीड़ित आमजन के अवसाद को खत्म करने के लिए महत्वपूर्ण है । आज वे इसी उद्देश्य को लेकर अपनी सामाजिक चट्टानी एकता के आधार पर एक इतिहास का नवनिर्माण कर रहे हैं।

एकजुटता- सफलता का आवश्यक तत्व

श्री आशुतोष हेलेन केलेन का उद्धरण देते हुए आमजन को कहते हैं- "आपकी सफलता और ख़ुशी आप में निहित है।" यह उद्धरण हमारे जीवन जीने के तरीका के बारे में बहुत कुछ कहता है। हर कोई सफलता के लिए बाहरी स्रोतों की ओर देखता है, पर अपनी एकजुटता की कमी के कारण हो रही परेशानियों पर ध्यान नहीं देता।

वे कहते हैं कि सफलता की कुंजी उनकी एकजुटता है। जिस दिन वे एकजुट हो गए, उनके सारे स्वर एक हो गए, सारी क्रियाएं एक दिशा में गतिमान हो गईं, उस दिन से सफलता उनके साथ आने लग जाएगी। वे समाज के कुछ गद्दार और खुशहाली के दुश्मनों को बहुत अच्छी तरह समझाने और सिखाने की जरूरत पर बल देते हैं। सफलता के लिए अहर्निश कड़ी मेहनत और एकजुटता की जरूरत है।

सकारात्मक सोच के साथ एकजुट होकर देश और समाज के समग्र विकास पर ध्यान देना ज़रूरी है। और ये महती जिम्मेदारी अपेक्षाकृत बड़े बुद्धिजीवियों की है। जंगल का राजा शारीरिक रूप के बलवान और मानसिक रूप से तीक्ष्ण बुद्धि वाला शेर ही होता है; मोटे दिमाग वाला भेड़ और बकरा नहीं।

कुछ वर्षों तक भारतीय सेना में काम करने के बाद श्री आशुतोष ने राजनीति में शामिल होने का फैसला किया। वे अपनी जीवन दिशा के बारे में काफी अनिश्चित थे। एक औसत स्कोर ने उन्हें निराश कर दिया था। तब उन्होंने अपने क्षेत्र के वरिष्ठ अभिभावकों से परामर्श लेना शुरू किया जिनके मार्गदर्शन से उनके करियर को सही दिशा मिली।

समाज के लिए कुछ विशेष करने को आतुर श्री आशुतोष के लिए सेना में नौकरी उतनी अच्छी नहीं रही। तब उन्होंने अपने लिए उपलब्ध अन्य विकल्पों पर सोच विचार करना प्रारंभ किया। वे किसी सामाजिक कार्य की तलाश में थे जिसे वे कर सकें और अपना जीवन आम जन की सेवा में लगाकार तृप्त हो सकें।

श्री आशुतोष अपने समर्थकों को प्रोत्साहित करते हुए कहते हैं कि खराब स्कोर का मतलब एक अच्छे करियर का अंत नहीं होता, और यह बाधा एक वरदान के समान होती है। जिस दिन सभ्य समाज इस बात को समझ जाएगा और अपने सुविचारित सुंदर कार्यों में लग जाएगा उस दिन सफलता की दिशा उनकी तरफ मुड़ जाएगी।

वे भारतीय लोकतंत्र की मजबूती को बरकरार रखने के लिए आर्थिक आधार पर आरक्षण के पक्ष में सुन्दरतम तरीके से आवाज उठाने लगे। वे इस बात से अनजान नहीं थे कि उनका यह निर्णय उनके करियर की दिशा और उनके समाज की दशा बदल देगा। उन्हें पहली बार अपने प्रयास में जीत तब मिली जब सरकार ने सवर्णों के लिए उनकी आर्थिक स्थिति के आधार पर दस प्रतिशत आरक्षण की घोषणा कर दी।

श्री आशुतोष एक रचनात्मक व्यक्ति हैं। वे हमेशा समाज में एक सुंदर दृश्य बनाते हैं, अपने विचार साझा करते हैं, अपने कौशल को निखारते हैं और अपनी शैली का प्रदर्शन करते हैं। वे कहा करते हैं कि हमारे समाज को एक बार फिर रचनात्मकता के शीर्ष स्तर की आवश्यकता है। आज वे इस बात से खुश हैं कि उन्हें लोगों की नजरों में चुना गया हैं। कभी भ्रम और भय के क्षण थे, लेकिन आज उन्हें विश्वास और संतोष की अनुभूति हो रही है कि बड़ी संख्या में बिहार के लोग उनका इंतजार कर रहे है।

14
एक सामाजिक उत्प्रेरक

श्री आशुतोष कुमार एक सामाजिक उत्प्रेरक भी हैं। वे अपने साथी-श्रमिकों, ग्रामीणों और बेरोजगार युवाओं को विभिन्न तरीके से उत्साहित कर प्रेरित करते रहते हैं। कुछ वर्ष पहले खिरौंटी, परवलपुर, नालंदा में एक छोटी जनसभा को संबोधित करते हुए उन्होंने स्टीव जॉब्स और जे. के. राउलिंग की कहानियों का हवाला दिया जो कई बार असफल हुए थे, पर अंत में सफल हुए। वे अपने फैन, फॉलोअर तथा अन्य प्रेमीजनों को सम्बोधित करते हुए उद्धृत करते हैं:

प्रेरक कहानियाँ आपको जीवन में आगे बढ़ाती हैं। प्रेरक कहानियाँ आपको अपने सपनों को संजोने, दूसरों के साथ दयालुता से व्यवहार करने और कभी भी खुद से हार न मानने के लिए प्रोत्साहित करती हैं। वे आपके जीवन जीने और सोचने के तरीके को बदलने की बात सिखलाती हैं । श्री आशुतोष कई प्रेरणादायक सूक्तियाँ आमजन को प्रस्तुत करते हैं:

1. गुस्से में आकर ऐसी कोई बात न कहें जिसके लिए आपको पछतावा हो।

2. अतीत की एक असफलता को कभी भी भविष्य में अपने ऊपर हावी न होने दें।

3. संघर्ष आपको मजबूत बनाएगा । यही एकमात्र रास्ता है ।

4. आपके साथ जो हुआ, उससे ज्यादा आपके द्वारा उसपर दी गई प्रतिक्रिया मायने रखती है।

5.	दूसरों के प्रति दयालु रहें, भले ही इससे आपको थोड़ी परेशानी हो।

6.	नफरत करने वालों से भी प्यार करें और उन्हें भी अपने साथ लाने का प्रयास करें।

7.	भले ही आप परेशान हैं, फिर भी उनकी नजर में आप बहुमूल्य हैं। आपके बिना वे आज भी शून्य हैं।

8.	दूसरों को पूरी तरह और सही मायने में जानने से पहले उनका मूल्यांकन प्रस्तुत न करें।

9.	उपस्थापित मानदंडों का पालन करें। अनिवार्य हो तो प्रचलित दायरे से थोड़ा बाहर निकलकर सोचें।

10.	पूर्व की बेहतरी पर ज्यादा इठलाना बंद करें। वर्तमान समस्या से लड़ने के लिए कमर कस लें।

11.	अपनी समस्याओं से सीखें।

12.	अपने दोस्तों, परिचितों और करीबियों से पंगा न लें।

13.	जिनकी भविष्य में मदद की जरूरत पड़ सकती है, उन्हें अभी से गले लगाकर रखें।

14.	आपके अच्छे कर्म दुनिया बदल सकते हैं। अपनी परिस्थितियों को आपको बदलने न दें। हमेशा मूल में रहें।

15.	बेवजह झूठ न बोलें। आदतन झूठ बोलने वालों पर कभी इतवार न करें।

16.	अपनी पार्टी के कार्यकर्ताओं को कभी धोखा न दें।

17.	आपकी प्राथमिकताएँ मायने रखती हैं।

18.	अपने सपनों को कभी नहीं छोड़ें।

19.	अपने मिशन पर ध्यान केंद्रित करें और हमेशा आगे बढ़ते रहें।

20.	विश्वास करें– अगला बिहार आपका है।

युवाओं के लिए प्रेरणास्रोत

श्री आशुतोष ने युवाओं को उनकी भलाई के लिए महापुरुषों के निम्नलिखित पाठ पढ़ने और उन्हें अमल में लाने का सुझाव दिया है। उन्होंने जब-तब अपने भाषणों में युवाओं को जो सीख दी, वे इस प्रकार हैं-

1. अक्सर जब हम कठिन समय का सामना करते हैं, तो उन लोगों के उद्धरणों को पढ़ना प्रेरणादायक होता है जो समान कठिनाईयों और प्रतिकूल परिस्थितियों से गुज़रे हैं। कठिनाई जितनी बड़ी होगी, उससे पार पाने में उतनी ही बड़ी संतुष्टि होगी।

2. कुशल पायलट तूफ़ान से भी अपनी प्रतिष्ठा हासिल करते हैं।

3. प्रत्येक प्रतिकूलता, प्रत्येक विफलता, और प्रत्येक हृदय वेदना अपने साथ एक समतुल्य या अधिक बड़े लाभ का बीज लेकर आती है।

4. समृद्धि भय और आपदाओं से रहित नहीं है; और विपत्ति आराम और आशाओं से रहित नहीं है।

5. रत्न को बिना घर्षण के चमकाया नहीं जा सकता, न ही मनुष्य को बिना प्रशिक्षण के पूर्ण बनाया जा सकता है।

6. वह अपनी ताकत नहीं जानता जिसने विपरीत परिस्थितियों का सामना नहीं किया है।

7. हमें सीमित निराशा को स्वीकार करना चाहिए, लेकिन हमें अनंत आशा को कभी नहीं खोना चाहिए।

8. इंसान को अपनी परेशानियाँ गिनने का शौक है, लेकिन वह अपनी खुशियाँ नहीं गिनता । यदि उसने उन्हें गिन लिया, जैसा कि उसे करना चाहिए, तो उसे पता चलेगा कि प्रत्येक इंसान के पास पर्याप्त खुशियाँ उपलब्ध हैं।

9. चीजें उन लोगों के लिए सबसे अच्छी हो जाती हैं जो चीजों के बनने के तरीके का सबसे अच्छा उपयोग करते हैं।

10. आशा महत्वपूर्ण है, क्योंकि यह वर्तमान क्षण को सहन करना कुछ आसान बना सकती है। अगर हमें विश्वास हो कि कल बेहतर होगा, तो हम आज कठिनाईयों को सहन कर सकते हैं।

11. यदि हमारा समय कठिन और उलझन भरा है, तो वह चुनौतीपूर्ण और अवसरों से भी भरा है।

12. श्री आशुतोष ने लोगों को समझाते हुए कहा है कि आप आज वहाँ हैं जहाँ आपके विचार आपको ले आये हैं; कल आप वहीं होंगे जहाँ आपके विचार आपको ले जाएंगे। इसलिए, अपने पैर पर चलना शुरू कीजिए और दूसरों का सहारा लेना बंद कीजिए, अन्यथा अपनी दुर्गति के जिम्मेदार आप स्वयं होंगे।

16

परिश्रम का प्रतिमान

श्री आशुतोष कुमार मेहनतकश जनता के प्रतिमान हैं। वे एक निडर यात्री का प्रतीक हैं। उनके जीवन की यात्रा उन महापुरुषों के समान रही है जिन्हें हम इतिहास की किताबों में प्रेरणास्वरूप पढ़ा करते हैं। जब से उन्होंने अपना सामाजिक और राजनीतिक जीवन शुरू किया है, तब से वे लगातार संघर्ष कर रहे हैं। वे महापुरुषों के द्वारा दिखाए गए मार्ग का अनुसरण करते हैं। वे निर्बल, निर्धन और अन्य पिछड़े वर्ग के उत्पीड़न के खिलाफ निडर होकर लड़ रहे हैं। वे ऊँची जातियों समेत अल्पसंख्यकों के अधिकारों के लिए भी लड़ रहे हैं। उन्होंने गांधी जी के द्वारा दिए गए अहिंसा के मार्ग को अपनाया है। वे नेल्सन मंडेला, मार्टिन लूथर और डा. अंबेडकर के बताये मार्ग पर चल रहे हैं।

जैसी आशंका थी, उनकी राह काँटों से भरी है। उनका सफर इतना आसान नहीं। कदम-कदम पर रोड़े हैं। पर, उनका चलना लगातार जारी है। कहीं कोई चुभन का अहसास नहीं। कुछ रोड़े, गद्दार किस्म और बिकाऊ प्रवृति के अपने लोग भी अटकाते रहते हैं। क्योकि, उन्हें अपने ही समाज के साथ गद्दारी कर विरोधियों के साथ मिलकर मलाई खाने की बड़ी आदत लगी है।

श्री आशुतोष अपने कंटकाकीर्ण मार्ग पर चलने से कभी नहीं हिचकिचाते। वे जातियों पर आधारित सबसे वीभत्स और जहरीली भेदभाव की नीति के खिलाफ लड़ रहे हैं। वे पूरे राज्य में, और यहाँ तक कि राज्य के बाहर भी, लोगों में जागरूकता पैदा करने के लिए जातियों के बीच भेदभाव और छुआछूत के खिलाफ लगातार अभियान चला रहे हैं, ताकि सवर्ण से इतर

लोगों की समस्याओं को दूर किया जा सके और अन्य निराश्रितों की पीड़ा को कम किया जा सके।

श्री आशुतोष को घिनौनी जातिगत राजनीति की सबसे बड़ी मुश्किलात का सामना करना पड़ रहा है। वे बिक चुके मीडिया सहित कुछ अन्य कुख्यात संस्थानों के वैचारिक हमलों से आहत हैं। वे आम लोगों का बड़ा समर्थन चाहते हैं, और इसीलिए वे आम लोगों के बीच बिना प्रोटोकॉल के हर समय आसानी से उपलब्ध रहते हैं ।

वे चाहते हैं कि वंचितों सहित समाज के प्रत्येक सदस्य के पास अपना कम से कम एक मंजिला ईंट-निर्मित घर हो। वे हर भयाक्रांत व्यक्ति के लिए सभी अधिकारियों के द्वार खुले रखना चाहते हैं। वे उन सभी रास्तों को खोल देना चाहते हैं जो अक्सर ग्रामीण और कम पढ़े-लिखे लोगों के लिए बंद रहते हैं। उनका मानना है कि लोगों को सार्वजनिक कार्यालयों में मालिक के रूप में प्रवेश करना चाहिए। वे अक्सर सार्वजनिक सेवा को अधिकार के रूप में प्राप्त करना चाहते हैं ।

संक्षेप में, वे समग्र समाज के कमजोर वर्गों के लिए सामाजिक और राजनीतिक रूप में कानूनसम्मत लड़ाई लड़ रहे हैं । एक जन नेता होने के नाते और सामाजिक विकास का बड़ा दृष्टिकोण रखने के कारण उनमें सामान्य आदमी के होने का आभास होता है।

उनके द्वारा दिनांक 05 नवम्बर, 2023 को बेगूसराय के जी. डी. कॉलेज के प्रांगन में बुद्धिजीवी समाज की एक महापंचायत बुलाई गई थी जिसमें ऑनलाइन और ऑफलाइन लाखों लोगों ने भाग लिया। सुखद बात यह है कि इस महापंचायत में उपस्थित सभी बुद्धिजीवियों से जाति आधारित भेदभाव को खत्म करने की दिशा में पहल करने की अपील की

17

एक निडर मुसाफिर

आशुतोष एक निडर यात्री है। वह दुनिया को बताकर बेखौफ अपनी यात्रा पर निकल पड़ा है । वह कहा करता है- जब आगे बढ़ना कठिन हो जाता है, तब मर्द की असली परीक्षा शुरू होती है । वह पीड़ितों की आवाज को सुनता है; उन्हें सम्मान के साथ जीने का अधिकार देना चाहता है। वह कभी भी काले कट्टरपंथी लोगों के द्वारा अल्पसंख्यकों पर किसी भी प्रकार के प्रहार की इजाजत का समर्थन नहीं करता ।

वह परेशान हो रही संघर्षरत जनता की आवाज को मुखर रूप देना चाहता है । यही कारण है कि जाति, वंश या संप्रदाय से ऊपर उठकर हर कोने से लोग बड़ी संख्या में उनके अभियान में शामिल हो रहे हैं । वह सचमुच सामाजिक न्याय और धर्मनिरपेक्षता के पथ का निर्भीक पथिक है । वह परशुराम का वंशज है । वह एक विशिष्ट सैन्यकर्मी भी रह चुका है । बम-बारुद से खेलना उसके बचपन का शौक रहा है । उसे कोई माई का लाल डिगा नहीं सकता।

श्री आशुतोष का जीवन एक खुली किताब है । वह कोई निजी व्यक्ति नहीं । वह हमेशा सर्वजन लोगों के बीच रहता है । उन्होंने नौकरशाही या राजनीतिक प्रोटोकॉल को लोगों के साथ संवाद करने में बाधा नहीं बनने दिया । हाशिये पर रह रहे लोगों तथा अल्पसंख्यक मेहनतकश जनता को उनसे मिलने में कभी दिक्कत नहीं होती।

आशुतोष कहते हैं, ''मैं उन समस्याओं के बारे में नहीं सोचता जिनका मुझे सामना करना पड़ सकता है। मैं आमजन की खुशहाली के लिए कुछ निर्णयिक पहल करना चाहता हूँ । अतः,

एक बहुत ही सामान्य माहौल में अपनी राजनीतिक पारी की शुरुआत की ।"

श्री आशुतोष ने एक निजी मुलाकात में लेखक को बताया कि उनकी शिक्षा-दीक्षा बिल्कुल साधारण ढंग से उनके गाँव के प्राथमिक विद्यालय में हुई । उसी गाँव के श्री नलिन शर्मा उनके प्रारम्भिक शिक्षक रहे । बचपन के गुरु आदरणीय श्री नलिन शर्मा जी ने पहली बार उन्हें अक्षरों और अंकों की दुनिया से परिचित कराया।

अरवल और जहानाबाद के छोटे से शहरों में पले-बढ़े आशुतोष ने कभी नहीं सोचा था कि एक दिन वे देश भर के करोड़ों लोगों के साथ भारत के सबसे बड़े लोकतंत्र के मंच पर जाएंगे। एक मधुरभाषी और सौम्य प्रवृति के व्यक्ति के रूप में उनका जीवन उनके सामने आने वाली चुनौतियों की कहानी है। आज सम्पूर्ण बिहार इन्हें आशाभरी निगाह से देख रहा है ।

आशुतोष : एक समर्पण

श्री आशुतोष का जीवन भारत के व्यापक सन्दर्भ में सम्पूर्ण समाज को समर्पित है। वे राजनीतिक रूप में अहितकारी नीतियों से उत्पन्न दलित वर्ग की समस्याओं के समाधान के लिए प्रतिबद्ध हैं। वे पिछड़े लोगों के आभारी हैं जिन्होंने बड़े पैमाने पर उनका साथ देना स्वीकार किया। कामगार वर्ग के लोगों के भले के लिए वे निरंतर प्रयत्नशील रहे हैं। वे भारत के छोटे-छोटे गाँवों से आने वाले लाखों युवा भारतीयों के आभारी हैं, जिनकी आँखों में चमक तो थोड़ी धुँधली हो रही है, पर दिलों में उम्मीद बहुत बढ़ी है। विश्वास है कि श्री आशुतोष के नेतृत्व में वे एक दिन अपनी उत्कृष्टता हासिल कर सकेंगे और एक बड़े सपनों का बिहार बनाने में योगदान दे सकेंगे।

श्री आशुतोष को बड़ी संख्या में लोग अन्यान्य नेताओं से कहीं ज्यादा मानते हैं। दरअसल, वे भारतीय इतिहास में एक लोकप्रिय नेता के रूप में अपनी पहचान बनाने के लिए विद्रोह कर रहे हैं। जो लोग उनकी कहानियों को करीब से जानते हैं, वे उन्हें एक जन नेता के रूप में विनम्रतापूर्वक स्वीकार करना नहीं भूलते।

आशुतोष जानता है कि उसे अपने काम पर बहुत आगे बढ़ना है। वह जानता है कि उसे हर-एक चुनौती पर नज़र रखनी है जो उसके सामने है, क्योंकि उसे देश की सबसे बड़ी लोकतांत्रिक व्यवस्था का नेतृत्व करना है। वह सुपरमैन बनने की आकांक्षा से दूर रहता है। वक्त जब उसकी मांग करता है, तब वह घर से दूर रहने के अपराधबोध में नहीं डूबता। वरन, समय की माँग के मुताबिक वह झोपड़ी में भी दिन गुजारने को शुभ कार्य मानता है। जब भी जरूरत पड़ी, उसने अपने-पराये सभी सहयोगियों की मदद करने के हर अवसर का लाभ उठाया।

19
आशुतोष : एक दर्शन

श्री आशुतोष हमें सीख देते हैं कि हमारा जीवन चाहे कितना भी समस्याग्रस्त क्यों न हो, समाधान हमेशा हमारे अंदर है। आपकी शैक्षणिक योग्यता, आपका सीवी -आपका जीवन नहीं है। जिंदगी इससे भी बढ़कर है । यह थोड़ा अधिक कठिन और जटिल है ।

वे यूनानी लेखक प्लूटार्क के उद्धरण का उल्लेख करते हैं- "हम आंतरिक रूप से जो हासिल करेंगे, वह बाहरी वास्तविकता को बदल देगा।" अपनी संस्था के सदस्यों को संबोधित करते हुए श्री आशुतोष ने एक बार कहा था- "हमें अपनी दुनिया को बदलने के लिए जादू की ज़रूरत नहीं है। हमें जितनी भी शक्ति की आवश्यकता है, वह पहले से ही हमारे अंदर है। हमारे पास बेहतर कल्पना और सृजन करने की शक्ति है।"

श्री अशुतोष आगे कहते हैं- जो अनजाने में किए गये आपके अपराध को क्षमा कर देता है, वह वस्तुतः आपसे प्रेम करना चाहता है। यदि किसी से गलती से कोई अपराध हो जाता है, तो आपको उस अपराध को कवर करना चाहिए। सबसे अच्छे कुल के लोगों में से एक होने के नाते आपको उस कर्ता को क्षमा कर देना चाहिए।

हमें पता है कि समाज में कभी-न-कभी भूलवश या किसी अन्य कारण से छोटे-बड़े अपराध होते रहेंगे । पर, हमें यह भी पता होना चाहिए कि अपराधों से कैसे निपटना है- लड़कर या क्षमा दान देकर । वे आगे अपना दर्शन इन पंक्तियों में प्रस्तुत करते हैं:

* भोजन के बाद सबसे बड़ी समस्या सुरक्षा की है। दुर्भाग्य से मनुष्य दिन-ब-दिन अधिक असुरक्षित महसूस करता जा रहा है।

युद्ध का डर, जो यूएसएसआर के विघटन के बाद कुछ हद तक कम हो गया था, अभी भी कट्टरवाद और माफिया गिरोहों के विकराल होते स्वरूप में छिपा हुआ है। इसलिए, आतंकवादियों और माफियाओं पर अंकुश लगाने के लिए अंतर्राष्ट्रीय सहयोग आवश्यक है। इसके अलावा, दुनिया भर में हथियारों को कम करने के लिए और अधिक ईमानदार प्रयास करने की आवश्यकता है।

* जब आप अपने धार्मिक ग्रंथ खोलते हैं और उनके वचनों में उतरते हैं, तब आप भगवान के साथ समय बिता रहे होते हैं और अपने भीतर का पोषण कर रहे होते हैं । हमें दैनिक आधार पर ईश्वर के साथ अपना व्यक्तिगत संबंध विकसित करना चाहिए। उनसे अपनी आत्मा के माध्यम से बात करने का प्रयास करना चाहिए। अपने भीतर को मजबूत करने का प्रयास लगातार जारी रखें । इस तरह आपका जीवन बदल जाएगा। आप अपनी आत्मा में ईश्वरीय शक्ति होने के कारण नवसृजित शक्ति का अहसास करेंगे।

* ईश्वर आपके सपनों को पूरा करने और आपकी बाधाओं को दूर करने में आपकी मदद करना चाहता है। वह आपको अपनी भलाई और दया से आश्चर्यचकित करना चाहता है। हमें हर सुबह इस मनोभाव के साथ उठना चाहिए- "मैं यह देखने के लिए इंतजार नहीं कर सकता कि भगवान आज क्या करने जा रहे हैं!" ईश्वर आपके जीवन में क्या करना चाहता है- इसके लिए अपने दिल और दिमाग में जगह बनाएँ ।

* औरों को समझाएँ, एक मजबूत विकल्प तैयार करें, और विकसित बिहार में अपने गुण ज्ञान के मुताबिक सुन्दरतम भूमिका निभाएँ ।

आशुतोष : एक विचार

श्री आशुतोष कुमार के सम्बन्ध में लेखक के अपने विचार कुछ इस प्रकार हैं-

1. श्री आशुतोष कुमार महज एक सामाजिक सेवक नहीं, वरन एक समाजदर्शन और विचार है।
2. वह कोई अवतारी व्यक्ति नहीं, बल्कि एक मार्गदर्शक है।
3. वह आज के समाज की हकीकत है।
4. उन्होंने कभी भी ईश्वर के अस्तित्व का विरोध नहीं किया। पर, लोगों को मानने या नहीं मानने के लिए स्वतंत्र बताया।
5. उन्होंने सामाजिक जीवन को अपने से निम्न लोगों का साथ लेकर पवित्रता से जीने की सलाह दी।
6. आशुतोष अन्धविश्वास को बढ़ावा नहीं देता। वह एक विशुद्ध विज्ञान है।
7. उन्होंने कभी भी किसी अन्य सम्प्रदाय या उनकी आस्था की आलोचना नहीं की।
8. उन्होंने बिहार के वृहत समाज को जातिगत आधार पर बाँटना अच्छा नहीं माना।
9. उन्होंने समाज के हताश युवाओं को बताया कि ये जिंदगी एक मुसीबत के समान है। पर, इसका समाधान सम्भव है।
10. श्री आशुतोष का कहना है कि सभी इंसान को समान दर्जा प्राप्त है। अतः, किसी भी प्रकार लोगों में विभेद नहीं किया जाना चाहिए।

एक सामाजिक पहचान

आशुतोष की पहचान एक सामाजिक व्यक्ति के रूप में है । वह व्यतिगत रूप में कोई शक्तिशाली व्यक्ति तो नहीं, पर सम्यक लोकदृष्टि रखने वाला नेकदिल सामाजिक इंसान जरुर है । वह लोगों के व्यवहार को संतुलित रूप में पढ़ने और उनके दिलों में रचबस गया एक चिर परिचित हितकारी व्यक्ति है । वह अपने गुरुओं और सहयोगियों से लेकर दोस्तों तक- जरूरत पड़ने पर सभी के साथ- हमेशा साथ खड़े रहने वाला व्यक्ति है। वह अपने अभिभावकों का सम्यक मार्गदर्शन चाहता है ।

ख़तरे की स्थिति में डटे रहना हमेशा उसके चरित्र की एक अग्नि परीक्षा होती है। यही कारण है कि उसके परिवार, दोस्त और आम जनता उससे इतने प्रभावित रहते हैं। उसका अंतर्मन ही उसकी शक्ति का आधार है। विनम्र आशुतोष जानता है कि उसके जीवन का कार्य-व्यवहार अपने में एक जीत है।

श्री आशुतोष अक्सर कहा करते हैं- समाज में जमीन पर काम करना जरूरी है । केवल शोर-शराबा से कार्य पूरा नहीं होता। बिहार राज्य के सभी परिवार के सदस्य और मित्रों का एक बड़ा समूह उनका प्रकाशस्तंभ है।

दरअसल आशुतोष अपने नाम के अर्थ को बरकरार रखते हुए कार्य कर रहे हैं । आशुतोष, अर्थात् वह जो अजेय है; वह जो अदम्य है। उनका जीवन मेरे द्वारा अब तक का पढ़ा गया सबसे बड़ा लेख हैं; सबसे अच्छा संस्मरण है। वह वास्तव में एक नए कलेवर में चिर प्रतीक्षित व्यक्ति है जो बुद्धिजीवी समाज की आज की महती जरूरत है।

वे भारत के अग्रणी समाजिक कार्यकर्त्ताओं में से एक हैं । उन्होंने अपने माता-पिता के साथ बचपन में अपने क्षेत्र में प्रायोजित नक्सलवाद का क्रूरतम दृश्य देखा है । वह मानव इतिहास के सबसे भयावह कालखंडों में से एक- अस्सी का दशक था। उसने नक्सलवाद को करीब से लंबे समय तक देखा और झेला। पर, वह लगातार डटे रहा और सबसे प्रतिकूल परिस्थिति का सामना करते हुए भी कभी हार नहीं मानी।

उन्होंने भारत के वृहत समाज को समझाने और एकजुट करने के लिए अनगिनत बैठकें और रैलियाँ की, और राष्ट्रीय स्तर पर एक विशिष्ट पहचान बनाई । आज वह कुछ लोगों के लिए एक पहेली बना हुआ है। आज उनके समर्थक जहाँ एक ओर उन्हें एक दूरदर्शी, निर्णायक नेता मानते हैं, तो दूसरी ओर उनके आलोचक उन्हें ध्रुवीकरण करने वाले व्यक्ति के रूप में देखते हैं।

सचमुच, उसका जीवन प्रतिकूलता के क्षणों से भरा हुआ एक पीडीएफ है । वह आज जहाँ अपनों को एकजुट करने के लिए कड़ी मेहनत कर रहा है, वहीं बड़ी ताकतों के खिलाफ राजनीतिक संघर्ष को तेज कर रहा हैं । भगवान श्रीपरशुराम का तेज कलंकित न हो जाय, इसलिए हमें इनकी बातों पर गौर फरमाना चाहिए।

आशुतोष भारतीय समाज के सभी वर्णों की आँसुओं से तामीर हुआ एक जलमहल है । वह एक ऐसा शाहकार है, जिसे खुश्क आँखों से पढ़ा नहीं जा सकता। उसे पढ़ने पर आँखें नम हो जाती हैं । अर्ध रात्रि में उसकी याद आते हीं नींद की नदी सूख जाती है; रात और अधिक काली लगने लगती है।

आशुतोष भारतीय युवाओं में बड़ी बेचैनी की एक छटपटाहट है । वह उनके सूखते हलक का समाधान है । वह दुश्मन के कांपते दिमाग का कारक है । आशुतोष भूमिहार-ब्राह्मण सहित सभी वर्ग के दर्द का उमड़ता समंदर है । वह सभ्य समाज के दर्दे-दिमाग में सुलगता एक शोला है । वह बुद्धिजीवियों के कलेजे में दहकता एक आग का गोला है। वह सचमुच बिहार की जातिगत राजनीति में उफान मारता एक आग का दरिया है।

आशुतोष वर्तमान में समज के सभी वर्णों की टूटी कश्ती का एकमात्र खेवनहार है । वह उनके उतरे चेहरे के कारणों का अकेला तारणहार है । वह सवर्णों के चटख होते ज़ख़्मों के ज़ख़ीरा का एकमात्र उपचार है।

गया, जहानाबाद, अरवल, बेगूसराय, मुजफ्फरपुर, नवादा, महाराजगंज, मोतिहारी तथा राज्य के अन्य हिस्से में आँसुओं की स्याही से लिखी आशुतोष की इबारतें कभी मिट नहीं सकती। इनमें अपने समय की सांसें हैं। श्री आशुतोष वर्तमान समाज के असह्य दर्द का प्रतिकार है । वह कुछ लोगों के लिए सम्हल जाने का मौका है, तो सियासी लोगों के लिए कड़े हितकारी फैसले लेने का वक्त है। इससे पहले कि देर हो जाए, समय पर समग्र समाज के हितार्थ कार्य पूरे कर लिए जाने चाहिए ।

एक नया आगाज

आशुतोष सिर्फ एक इंसान नहीं, बल्कि एक सेवादार भी है । वह सर्वधर्म सद्भाव का प्रतीक है । वह बुद्धिजीवी समाज के भले के लिए संधर्षरत है । वह सबकी खुशहाली के लिए ग्राम-ग्राम भटक रहा है; जबार और कस्बे की ठोकरें खा रहा है ।

वह कहा करता है- इबादत का रिश्ता मज़हब से नहीं, रूह से होता है। अपना आदमी अपनापन का भाव लेकर अपनों के पास अपने आप चला जाता है । कोई उसे गले लगाता है, कोई शक की दृष्टि से देखता है; कोई उसे दिलोजान से समर्थन देता है, तो कोई मुँह छुपाकर पीठ पीछे उसका विरोध करने में लग जाता है । पर, श्रेष्ठजन कभी अपना कर्तव्य नहीं भूलते । चिड़ियाँ लाउडस्पीकर का इस्तेमाल नहीं करतीं। फिर भी सब की आवाज़ें एक लय और एक सुर में ढल जाती हैं। हमें इससे सीख लेनी चाहिए ।

आशुतोष प्रान्त के हर दरख़्त को अपना मुल्क समझता है, और हर मुल्क को अपनी इबादतगाह। वह पत्थर में भी भगवान ढूंढ़ लेता है और जरूरत पड़ने पर समाज की सलामती के लिए किसी भी अंगोछे को आनमाज बना लेता है । यही कारण है कि सभी मताबलम्बी उनके कार्य और व्यवहार की सराहना करते हैं ।

बिहार के बुद्धिजीवी और अमनपसंद समाज अपने स्वयं के विवेक के अनुसार अपना समर्थन दे रहे हैं । दिनांक 05 नवंबर, 2023 को बेगूसराय के जी.डी. कॉलेज में वैभवशाली बिहार का सुंदर स्केच तैयार करने के लिए एक महापंचायत बुलाई गई थी, जिसमें सामान्य समझ के मुताबिक करीब सवा लाख श्रेष्ठजनों ने शिरकत की। उम्मीद है, श्री आशुतोष की अगुवाई में बिहार एक बार फिर अपने पुराने वैभव को प्राप्त कर सकेगा ।

एक राजनीतिक गुरु

श्री आशुतोष कुमार एक राजनीतिक गुरु भी हैं। वे आरजेजेपी में शामिल होने के इच्छुक युवाओं को इस प्रकार सलाह देते हुए अपनी बात कहते हैं-

राजनीतिज्ञ मत बनो; एक सामाजिक कार्यकर्ता बनो । इससे अपने समुदाय में बदलाव लाने की शक्ति में वृद्धि होगी ।

एक प्रभावी राजनेता बनने के लिए आपको कड़ी मेहनत कर कई स्मार्ट विकल्पों के साथ जुड़ना होगा। आपको पार्टी कार्यालय के लिए एक सफल अभियान चलाने पर भी ध्यान देने की आवश्यकता होगी, ताकि आप प्रभाव डालने की स्थिति में पहुँच सकें तथा स्थानीय या राष्ट्रीय स्तर पर मतदाताओं का प्रतिनिधित्व कर सकें।

राजनीति में शामिल होने वाले युवाओं के लिए एक सलाह है कि वे उच्च स्तर की पढ़ाई पूरी किए बिना भी राजनीति में आ सकते हैं । लेकिन यदि आपके पास प्रासंगिक डिग्री है, तो आप मतदाताओं के लिए अधिक आकर्षक हो सकते हैं। राजनीति विज्ञान में स्नातक की डिग्री आपको सरकार और राजनीति की बुनियादी बातों के साथ-साथ अपने देश में राजनीति के इतिहास में एक मजबूत आधार बनाने में मदद करेगी । आपको इस बात की जानकारी रखनी होगी कि राजनीतिक डेटा का विश्लेषण कैसे किया जाए, और अपने संचार कौशल को कैसे मजबूत किया जाए।

आपको सार्वजनिक भाषण कक्षाएँ लेने पर विचार करना चाहिए। आप ये कक्षाएँ अपने स्थानीय कॉलेज या विश्वविद्यालय में, या किसी सार्वजनिक वक्ता संघ के माध्यम से ले सकते हैं।

सार्वजनिक भाषण कक्षाएँ आपको एक सफल राजनेता के प्रमुख तत्व के लिए तैयार करने में मदद कर सकती हैं। आपको भीड़ के सामने प्रेरक और प्रभावी ढंग से बोलने की क्षमता का विकास करना चाहिए। सार्वजनिक भाषण कक्षा लेने से आपको आत्मविश्वास हासिल करने में मदद मिलती है।

भाषण और बहस में भाग लें। यदि आपका कॉलेज भाषण और वाद-विवाद कक्षाएँ प्रदान करता है, तो आपको साइन-अप करना चाहिए और वाद-विवाद में अपने साथियों के खिलाफ प्रतिस्पर्धा करने के लिए खुद को प्रेरित करना चाहिए। अपने अभियान के दौरान स्थानीय मुद्दों पर अन्य उम्मीदवारों के साथ बहस करने के लिए मजबूत वाद-विवाद कौशल आपके काम आएगा।

श्री आशुतोष बिहार में बड़ी संख्या में युवाओं को विशेष रूचि लेकर राजनीति में उतरने की आवश्यकता पर बल देते हैं। वे कहते हैं- आपको निर्भीक और बेहद निर्भीक बनने की जरूरत पड़ेगी, ताकि बेहद सख्त स्थिति में भी आप डटकर मुकाबला कर विरोधियों के होश फाख्ता कर सकें।

आशुतोष : समय की माँग

श्री आशुतोष कुमार समय की माँग को समझते हैं। और, बिहार का एक बड़ा समाज समय के मुताबिक उनकी जरूरत को समझता है । वे सभी से समय के प्रवाह का अनुसरण करने के लिए कहते हैं। वे अपने दार्शनिक विचार इन शब्दों में व्यक्त करते हैं:

"हम तितलियाँ तो पकड़ सकते हैं, लेकिन समय नहीं पकड़ सकते। सुदूर भविष्य में, मनुष्य अपने जीवन काल को 10,000 वर्षों तक बढ़ाने में सक्षम हो सकता है, पर समय के प्रवाह को रोका नहीं जा सकता है।

देश की आजादी के बाद एक लम्बी अवधि बीत चुकी है । पर, सबको खुशहाली मयस्सर नहीं । बहुतेरे लोग भांति-भांति प्रकार से पुनः गुलाम बनाये जा रहे हैं । आश्चर्य कि उन्हें अपनी आदतन गुलामी का अंदाजा नहीं । समझने की बड़ी जरूरत है । यदि समय रहते समझकर विवेकानुसार काम नहीं किया गया, तो आने वाली नस्लें लम्बी गुलामी की शिकार होंगी । तब, वे अपने पूर्वजों को कोसेंगी । अतः, अभी वक्त है, एकजुट होकर अपने गुलामी की सम्भावित हर तार को कुतरकर बेहतर भविष्य के निर्माण का इंतजाम करना चाहिए ।

आग को पानी से बुझा दिया जाता है । उफनते पानी को बांध बनाकर शांत कर किया जाता हैं । बेहद खतरनाक बन चुके ज्यादा भोंक रहे कुत्ते के मुँह में आहिस्ते से तीर मारकर उसे शांत कराया जा सकता है । आततायियों का भगवान श्रीपरशुराम ने कई बार सफाया किया है । दुश्मन को बेहतर ढंग से पहचानने की जरूरत ।"

यहाँ सर्वमान्य श्री आशुतोष कुमार जी के द्वारा बताये गए सफलता के सात सार्वभौमिक नियम (सात पाठ) उधृत किए गए हैं । पाठकगण इसे धीरे-धीरे पढ़ें और पुरे मनोयोग के साथ मनन करें:

पाठ 1: सदइच्छा सभी उपलब्धियों का प्रारंभिक बिंदु है। सफलता की शुरुआत इच्छा से होती है । यदि आपमें कुछ हासिल करने की तीव्र इच्छा नहीं है, तो आप इसे पूरा करने के लिए आवश्यक प्रयास करने में सक्षम नहीं होंगे। इस बारे में सोचने के लिए कुछ समय लें कि आप वास्तव में जीवन में क्या चाहते हैं । इसे हासिल करने के लिए खुद से प्रतिबद्धता बनाएँ।

पाठ 2: विश्वास वह ईंधन है जो इच्छा को शक्ति प्रदान करता है। एक बार जब आपमें प्रबल इच्छा हो जाए, तब आपको यह विश्वास करने की आवश्यकता है कि आप इसे निश्चित रूप से हासिल कर सकते हैं। विश्वास यह सुनिश्चित करने के लिए जरूरी है कि आप सफल होंगे । आपको यह विश्वास होना चाहिए कि आप अपने रास्ते में आने वाली किसी भी बाधा को पार कर सकते हैं।

पाठ 3: स्व-सुझाव वह विधि है जिसके द्वारा आप अपनी इच्छा को अपने अवचेतन मन में स्थापित करते हैं। स्व-सुझाव आपके अवचेतन मन को प्रभावित करने के लिए अपने विचारों का उपयोग करने की प्रक्रिया है। अपने आप से बार-बार यह कहकर कि आप अपने लक्ष्य प्राप्त कर सकते हैं- आप अपने दिमाग को इस पर विश्वास करने के लिए प्रेरित कर सकते हैं।

यह आपको असफलताओं का सामना करने पर भी प्रेरित और केंद्रित रहने में मदद कर सकता है।

पाठ 4: किसी विषय का विशिष्ट ज्ञान वह नींव है जिस पर सारी सफलता का निर्माण होता है। आप अपने चुने हुए क्षेत्र के बारे में जितना अधिक जानेंगे, आप सफल होने के लिए उतने ही बेहतर ढंग से तैयार होंगे। अपने उद्योग और लक्ष्य के बारे में जितना हो सके, सीखने के लिए समय निकालें।

पाठ 5: संगठित योजना इच्छा और उसकी पूर्ति के बीच का सेतु है। एक बार जब आप यह जान लेते हैं कि आप क्या हासिल करना चाहते हैं, तब आपको वहाँ तक पहुँचने के लिए एक योजना विकसित करने की आवश्यकता होती है। आपकी योजना में विशिष्ट लक्ष्य, समय सीमा और कार्रवाई- तीनों शामिल होने चाहिए।

पाठ 6: कल्पना मन की कार्यशाला है जहाँ विचार निर्मित और परिष्कृत होते हैं। कल्पना उन संभावनाओं को देखने की क्षमता है जो दूसरे नहीं देख सकते। यह एक नया विचार उत्पन्न करने और समाधान देने की शक्ति है। अपनी सफलता और लक्ष्यों को प्राप्त करने के लिए रचनात्मक तरीके अपनाने हेतु अपनी कल्पनाशक्ति का उपयोग करें।

पाठ 7: निर्णय, कार्य करने की इच्छाशक्ति है। सफलता के लिए कार्रवाई की आवश्यकता होती है। आप यूँ ही बैठकर चीजों के घटित होने का इंतजार नहीं कर सकते। आपको निर्णय लेने और कार्रवाई करने की आवश्यकता है, भले ही आप निश्चित न हों कि आप यकीनन तत्काल सफल हो ही रहे हैं।

व्यक्तित्व विकास के दस सूत्र

हमज़ा ज़रगुई द्वारा लिखित "लेवल अप" एक ऐसी पुस्तक है जिसका उद्देश्य व्यक्तित्व विकास को प्रेरित करना है। इस पुस्तक से उधृत करते हुए श्री आशुतोष अपने समर्थकों को निम्नलिखित दस मूल्यवान सबक दे रहे हैं, जो आपको जीने के तरीके को प्रभावित कर आपके व्यक्तित्व निखार में सहायक हो सकते हैं:

1. असुविधा को गले लगाओ: आगे बढ़ने और सुधार करने के लिए, अपने आराम क्षेत्र से बाहर निकलना आवश्यक है। असुविधा को स्वीकार करने से आप खुद को चुनौती दे सकते हैं और विकास के नए अवसर खोज सकते हैं।

2. स्पष्ट लक्ष्य निर्धारित करें: व्यक्तिगत विकास के लिए स्पष्ट और विशिष्ट लक्ष्य निर्धारित करना महत्वपूर्ण है। आप क्या हासिल करना चाहते हैं- इसे परिभाषित करके आप सफलता का रोडमैप बना सकते हैं और अपने उद्देश्यों पर केंद्रित रह सकते हैं।

3. अपने जीवन का स्वामित्व लें: पहचानें कि आपका अपने जीवन पर नियंत्रण है । आप अपने कार्यों और निर्णयों की जिम्मेदारी लें। ऐसा करके आप सकारात्मक बदलाव लाने और बाधाओं को दूर करने के लिए खुद को सशक्त बना सकते हैं।

4. विकास की मानसिकता तैयार करें: ऐसी मानसिकता विकसित करें जो हर अच्छी चीज को सीखने, अमल में लाने और अपनी भूल को निरंतर सुधार करने को उद्धत हो । समझें कि असफलताएँ विकास के अवसर हैं। उन्हें सफलता की ओर कदम बढ़ाने के रूप में उपयोग करें।

5. अपने आप को सकारात्मक प्रभावों से घेरें: अपने आप को सकारात्मक और समान विचारधारा वाले व्यक्तियों के साथ घेरने से व्यक्तित्व विकास पर महत्वपूर्ण प्रभाव पड़ता है। ऐसे मार्गदर्शक, रोल मॉडल और सहायक समुदाय की तलाश करें जो आपको प्रेरित और प्रोत्साहित करें।

6. आत्म-अनुशासन का अभ्यास करें: अपने लक्ष्यों के प्रति प्रतिबद्ध रहने और विकर्षणों पर काबू पाने के लिए आत्म-अनुशासन विकसित करें। इसमें प्राथमिकताएँ निर्धारित करना, अपना समय प्रभावी ढंग से प्रबंधित करना और जो वास्तव में मायने रखता है, उस पर ध्यान केंद्रित करना शामिल है।

7. आत्म-देखभाल पर जोर दें: व्यक्तित्व विकास के एक अनिवार्य हिस्से के रूप में आत्म-देखभाल और कल्याण को प्राथमिकता दें। यह सुनिश्चित करने के लिए कि आपके पास अपने लक्ष्यों को प्राप्त करने के लिए ऊर्जा और लचीलापन है, अपने शारीरिक, मानसिक और भावनात्मक स्वास्थ्य का ध्यान रखें।

8. विफलता को सीखने के अवसर के रूप में स्वीकार करें: विफलता, विकास प्रक्रिया का एक स्वाभाविक हिस्सा है। असफलताओं से हतोत्साहित होने की बजाय, उन्हें सीखने के अनुभवों के रूप में देखें जो भविष्य की सफलता के लिए अंतर्दृष्टि और सबक प्रदान करते हैं।

9. सकारात्मक मानसिकता विकसित करें: कृतज्ञता का अभ्यास करके, वर्तमान क्षण पर ध्यान केंद्रित करके और नकारात्मक विचारों को फिर से परिभाषित करके सकारात्मक मानसिकता विकसित करें। एक सकारात्मक मानसिकता आपको चुनौतियों

से उबरने, प्रेरित रहने और आशावाद की भावना बनाए रखने में मदद कर सकती है।

10. लगातार कार्रवाई करें: व्यक्तित्व विकास के लिए लगातार प्रयास और कार्रवाई की आवश्यकता होती है। अपने लक्ष्यों को छोटे प्रबंधनीय कदमों में विभाजित करें और उनके प्रति लगातार कार्रवाई करें। समय के साथ छोटी पर लगातार कार्रवाईयाँ महत्वपूर्ण प्रगति और परिवर्तन का कारण बन सकती हैं।

बेरोजगारी की समस्या और समाधान

योग्य व्यक्ति के लिए कोई नौकरी या उपयुक्त व्यवसाय के अभाव की स्थिति को बेरोजगारी कहते हैं । भारत में यह दिन-प्रतिदिन बढ़ती जा रही है। युवाओं में भारी असंतोष है । सर्वत्र अशांति व्याप्त है । हमें अपनी सरकार से समाधान माँगना ही चाहिए, क्योंकि सरकार किसी देश में रोजगार की मुख्य प्रदाता होती है ।

आज तेजी में नौकरियाँ खत्म की जा रही हैं । नई नौकरियों का सृजन नहीं किया जा रहा । निर्यात संतोषजनक बिल्कुल नहीं है। बेरोजगारी आज एक बड़ी समस्या बनकर खड़ी है। पर, हम लगातार प्रयास, धैर्य और दृढ़ता से इस पर काफी हद तक काबू पाने का प्रयास कर सकते हैं । बढ़ती बेरोजगारी पर श्री आशुतोष कुमार ने युवाओं से संयम बरतने और समय में बदलाव होने का इंतजार करने की सलाह दी है, और सरकार से इस दिशा में कदम उठाने का आग्रह किया है ।

युवा बेरोजगारी और समाज में बढ़ रहे असंतोष पर श्री आशुतोष कुमार ने अपनी चिंता जाहिर करते करते हुए इसके समाधान हेतु निम्न सुझाव दिए हैं, जिन पर विशेष शिद्दत के साथ ध्यान दिया जाना चाहिए:

बेरोज़गारी में हो रही चिंताजनक वृद्धि को दूर करने के लिए भारत की शिक्षा प्रणाली में व्यापक सुधार लाए जाने की आवश्यकता है। युवाओं को बड़े पैमाने पर व्यावसायिक शिक्षा देने की जरूरत है। मत्स्य पालन को कृषि गतिविधियों में शामिल किया जाना चाहिए।

रेलवे, सार्वजनिक क्षेत्र के उपक्रमों, सरकारी कंपनियों और अन्य महत्वपूर्ण सरकारी प्रतिष्ठानों के निजीकरण के लिए की जा रही

कार्रवाई पर विचार किया जाना चाहिए। यह भारत के बेरोजगार युवाओं के लिए अहितकारी है। सभी कंपनियों में सिर्फ़ योग्यता के आधार पर बड़े पैमाने पर रोजगार दिए जा सकते हैं।

रोजगार के अवसर पैदा करने और अपने युवाओं को अधिक से अधिक रोजगार देने के लिए हमें अधिकाधिक उद्योग स्थापित करने का प्रयास करना चाहिए, जहाँ युवाओं को लाभ के साथ रोजगार दिया जा सके।

हमें उत्पादों की लागत कम करनी होगी । हमें नए इनोवेशन करते रहना चाहिए, ताकि जब कोई नया प्रोडक्ट लॉन्च हो तो लोग उसे दोबारा खरीदें, और बेचने-खरीदने का सिलसिला चलता रहे।

यदि व्यक्ति उस स्तर तक शिक्षित नहीं है कि उसे अच्छी नौकरी मिल सके, तो कौशल सीखने का कुछ अवसर मिलना चाहिए जिससे वह स्वरोजगार के लिए स्टार्ट-अप शुरू कर सके।

जिस देश में कृषि जलवायु अच्छी हो वहाँ कृषि को उच्च प्राथमिकता दी जानी चाहिए ताकि अधिक से अधिक युवा कृषि और कृषि आधारित उद्योगों की ओर आकर्षित हों।

भोजन की उत्पादकता अच्छी होने से आजीविका की लागत कम हो जायेगी। किसानों को आवश्यकता पड़ने पर बहुत कम लागत पर सुविधाएँ दी जानी चाहिए। उन्हें अधिक रिगायती दर पर बीज, उर्वरक और बिजली ससमय उपलब्ध करायी जानी चाहिए।

कम शुल्क पर अच्छी चिकित्सा व्यवस्था हो, ताकि युवाओं को अस्पतालों में जाने से झिझक न हो। मेडिकल क्षेत्र में भी इसी तरह नौकरियाँ बढ़नी चाहिए। प्रत्येक युवा को इंटरनेट कौशल

सिखाया जाना चाहिए ताकि वह प्रशिक्षण के लिए भुगतान किए बिना भी कुछ आसान कौशल सीख सके।

यदि कम लागत पर अच्छी परिवहन सुविधा प्रदान की जाती है, तो यह लोगों को अपने उत्पादों को दूरदराज के क्षेत्रों में ले जाने और उनके लिए अच्छा मूल्य अर्जित करने के लिए प्रेरित करती है। इससे रोजगार में मदद मिलेगी । ऐसे कई तरह के इनोवेशन की जरूरत है जिससे निश्चित तौर पर बेरोजगारी में कमी आएगी। इसके अलावा, श्री आशुतोष कहते हैं: "ईमानदारी, वफादारी, दृढ़ता, प्रेरणा, और अपने इष्ट में विश्वास की हमेशा आवश्यकता होती है।" हमें विश्वास बनाए रखना चाहिए।

आशुतोष के नौ आंतरिक गुण

यद्यपि कि मैं श्री आशुतोष कुमार के साथ ज्यादा समय तक नहीं रहा; न हीं उनके साथ मेरी कोई ज्यादा उठ-बैठ रही, फिर भी मैंने उनके परिवार के सदस्यों, पड़ोसियों, रिश्तेदारों और दोस्तों से उनके बारे में चुपचाप जानने की कोशिश की। उनलोगों ने इनके बारे में जो बताया, उसपर मुझे कोई संदेह नहीं है। इसलिए, मैं उनके गुणों को उनके अन्य समर्थकों के लिए एक उदाहरण के तौर पर अपनी पुस्तक में शामिल करना उचित समझा। श्री आशुतोष के कुछ विशेष आंतरिक गुण, जो मेरी दृष्टि में सामने आए हैं, के बारे में बिंदुवार उल्लेख उनपर अंग्रेजी में लिखी मेरी पुस्तक *आशुतोष द राइजिंग : सोल्जर टू लीडर* में किया गया है। उनके चुनिंदे नौ गुण इस प्रकार हैं:

1. वह अपने लिए चतुर भले न हो, पर बुद्धि और संयम से भरपूर है।

2. वह दूसरों की ख़ुशी में हाथ बँटाता है; सक्रिय रूप से दूसरों के करियर निर्माण में सहयोग करता है।

3. वह आपके दोस्तों और परिवार के साथ उससे ज्यादा सहयोग करता है, जितना आप उसके साथ करते हैं।

4. वह भावनात्मक रूप से कभी कमजोर भले दीखता हो, पर आन्तरिक रूप में काफी कठोर है। वह अपने जीवन में संपूर्ण अनुशासन बनाए रखता है।

5. वह आपकी राय का सम्मान करता है; और आप जो कहते हैं- उसे वह बड़े गौर से सुनता है।

6. वह कोई काम तुरंत करने को सदैव तैयार रहता है।

7. वह दूसरों की उपलब्धियों का भी मान रखता है; गुणगान करता है।

8. वह अपने से बड़े सभी राजनीतिक हस्तियों का अपने अभिभावक सरीखे सम्मान करता है।

9. वह उच्च क्रांतिकारी अंतर्दृष्टि वाला साहसी, दृढ़ और पक्का देशभक्त है।

यदि किसी व्यक्ति में ऐसे अतिरिक्त आंतरिक गुण हैं, तो वह निश्चित रूप से अन्य लोगों से आगे है। हमें इनको फॉलो करना चाहिए।

श्री आशुतोष कुमार "भूमिहार ब्राह्मण एकता मंच फाउंडेशन" नामक बहुउद्देशीय सामाजिक एवम सांस्कृतिक मंच के संस्थापक हैं। ये राष्ट्रीय जन जन पार्टी (आरजेजेपी) नामक नव-निर्मित राजनीतिक दल के अध्यक्ष भी हैं। यह दल वैधानिक रूप से भारत के चुनाव आयोग के तहत स्थापित और पंजीकृत है।

पटना में आयोजित एक प्रेस कॉन्फ्रेंस में श्री आशुतोष ने बताया कि औद्योगिक विकास और अधिकतम क्षमता के आधार पर बिहार के सुनहरे सपनों को साकार करने के लिए राष्ट्रीय जन जन पार्टी का गठन किया गया है। 18 जुलाई, 2021 को पार्टी ने बिहार में अपने विचारों का प्रसार करने के लिए अपने समर्थकों के साथ एक बैठक बुलाई थी। उन्होंने अपना रुख स्पष्ट करते हुए कहा था कि वे सभी जातियों और समुदायों के साथ खड़े रहेंगे। उन्होंने अपनी पार्टी का नारा- "हर एक बूथ- फाइव यूथ" को साझा किया था ।

श्री कुमार और उनकी पार्टी की मुख्य विचारधारा "आर्थिक आधार पर आरक्षण का प्राकृतिक विरोध" रहा है। यह पार्टी ईडब्ल्यूएस आरक्षण की मांग को लेकर मुखर रही है। यह बिहारी प्रवासियों और अन्य पीड़ितों के राहत कार्यों में शिद्दत के साथ जुटी रही है। पार्टी अपनी स्थापना के बाद से ही सदस्यता अभियान भी चला रही है ।

राष्ट्रीय जन जन पार्टी कुछ चुनिंदे विधानसभा सीटों पर चुनाव भी लड़ा था, जहाँ अगड़ी जाति की आबादी अधिक है। तब उसे सभी जातियों के वोट मिले थे।

कोरोना वायरस महामारी के दौरान पार्टी ने बड़ी भूमिका निभाई थी । महामारी ने प्रभावी राजनीतिक नेतृत्व के महत्व को तीव्रता से उजागर किया है।

इन्होंने दिनांक 05 नवंबर, 2023 को बेगूसराय के जी. डी. कॉलेज के प्रांगण में विशेष बुद्धिमता वाले लोगों की एक महापंचायत बुलाई थी जिसमें बिहार के भले की दिशा में विचार विमर्श किया गया। उम्मीद है- श्री आशुतोष, अपने संगठन और पार्टी के साथ आमजन की आकाँक्षाओं पर खरा उतरेंगे।

स्वैच्छिक सेवकों से दो शब्द

श्री आशुतोष सर्व समाज के समर्पित सेवकों को सम्बोधित करते हुए कहते है:

अपने समुदाय से जुड़े स्थानीय और राष्ट्रीय स्तर पर नवीनतम राजनीति से अपडेट रहें। एक अच्छा कार्यकर्त्ता स्थानीय घटनाओं के बारे में अच्छी तरह से अवगत रहता है । आपको यह पता होना चाहिए कि राष्ट्रीय स्तर पर कहाँ, क्या चल रहा है । इसलिए, आपको नवीनतम समाचार घटनाओं को याद रखने की आदत डालनी चाहिए।

सन्देश सम्प्रेषण तथा प्राप्ति के लिए सोशल मीडिया का उपयोग करें। एक्स (पूर्व में ट्विटर) और फेसबुक जैसे बड़े प्लेटफार्मों पर जाने-माने राजनेताओं और राजनीति में शामिल व्यक्तियों का अनुसरण करें। वहाँ आप पढ़ सकते हैं कि वे किस बारे में बात कर रहे हैं । आप समाचार फ़ीड के माध्यम से जानकारी प्राप्त कर सकते हैं।

आपको हर दिन कई राजनीतिक समाचार साइटों और ब्लॉगों को पढ़ने की भी आदत डालनी चाहिए। ऐसे कई समाचार स्रोतों को देखने का प्रयास करें जो किसी विषय पर भिन्न-भिन्न राय प्रस्तुत करते हैं। उदाहरण के लिए, आप जातीय जनगणना के मामले की जानकारी के लिए एक रूढ़िवादी समाचार आउटलेट की जाँच कर सकते हैं, और फिर उसी मामले की जानकारी के लिए एक उदार समाचार आउटलेट की जाँच कर सकते हैं। इससे आपको मुद्दे के दोनों पक्षों की अच्छी तरह समझ हो जाएगी, और आपको यह निर्धारित करने में भी मदद मिलेगी कि आप इस मुद्दे पर कहाँ खड़े हैं।

स्थानीय सामुदायिक कार्यों में शामिल हों। आपको स्थानीय समितियों के लिए स्वेच्छा से काम करना चाहिए । उन उद्देश्यों के लिए स्थानीय बोर्डों में बैठने का प्रयास करना चाहिए जिनके

बारे में आप उत्सुक हैं। अपने दल के स्थानीय कार्यों में शामिल हों।

अपने समुदाय में एक मजबूत उपस्थिति बनाने से समुदाय के अन्य सदस्यों को पता चल जाएगा कि आप कौन हैं, और आप किसके लिए खड़े हैं। स्थानीय कार्यों और पहल के लिए अपना समय समर्पित करने से आपके समुदाय को यह भी पता चलेगा कि आप केवल भुगतान पाने के लिए नहीं, बल्कि कुछ अच्छा करने के लिए अपनी ऊर्जा स्वेच्छा से देने को तैयार हैं। बाद में जब आप चुनाव लड़ने का निर्णय लेंगे तो यह उपयोगी हो जाएगा।

अधिक से अधिक बेहतर सामाजिक रिश्ता बनाना चाहिए । आपको अपने समुदाय के नेताओं तक पहुँचना चाहिए, उनसे बेबाकी से अपनी बात कहनी चाहिए । गद्दारी करने वाले नेताओं को परख कर उनसे अलग रहते हुए उचित सामाजिक प्रतिकार करना चाहिए। उनके किसी भी झाँसे में आने से बचना चाहिए ।

एकजुट होकर एक बड़ा सामाजिक सन्देश देना आपकी सफलता का प्रारंभिक आधार है । भगवान श्रीपरशुराम ने अपने तप, विद्या, बुद्धि, बल, बिक्रम और शौर्य से आततायियों को समाप्त करने के लिए अपने कई अस्त्र-शस्त्रों का संधान किया था ।

श्री आशुतोष कुमार का 21वीं सदी के भारत के प्रति दृष्टिकोण बिल्कुल स्पष्ट है। वे कहते हैं- हम 21वीं सदी में प्रवेश कर चुके हैं। हमें देश की जरूरतों को खुले दिमाग से समझना होगा। इस सदी में देश में विकासात्मक बदलाव क्या हो- यह हम सभी के लिए विचार करने का विषय है। इस विषय पर श्री आशुतोष कुमार का दृष्टिकोण इस प्रकार है:

1. हमारे यहाँ सरकार की व्यवस्था लोकतांत्रिक है। और, सरकार की लोकतांत्रिक व्यवस्था 20वीं सदी में सरकार का सर्वोत्तम रूप साबित हुई है। 21वीं सदी को इसे व्यवहार में लाने की जरूरत है। हमें देखना होगा कि देश की सभी संस्थाएँ आम जन के साथ लोकतांत्रिक तरीके से ही व्यवहार करे और उन पर कोई राजनीतिक या आर्थिक वर्चस्व न हो।

2. वैश्विक गाँव की अवधारणा को साकार रूप देने के लिए समाज के श्रेठजन को आगे कर काम करना होगा। कंप्यूटर और संचार नेटवर्क के विकास ने पृथ्वी का चेहरा बदल दिया। हमें इसका अधिकतम उपयोग कर आगे बढ़ना चाहिए। इस सदी में दूरी कोई बड़ी समस्या नहीं है। जिस प्रकार शहरों का विकास हो रहा है, उसी प्रकार गाँवों का भी विकास होना चाहिए।

3. प्रबंधन और वाणिज्य के क्षेत्रों को गौरवपूर्ण स्थान मिलने की संभावना है। हमें कौशल से सुसज्जित जनशक्ति विकसित करने की आवश्यकता है। अंतर्राष्ट्रीय व्यापार को विकसित करने के लिए वस्तुओं के सीमा-पार परिवर्तन की भी आवश्यकता है।

4. प्रकृतिवाद या प्रकृति की ओर लौटना भी हमारी जरूरत है। फैशन और सभ्यता के नाम पर हम प्रकृति और प्राकृतिक उत्पादों से दूर होते जा रहे हैं। हमारे शरीर पर सिर्फ नायलॉन ही कृत्रिम नहीं है, बल्कि हमारी मुस्कुराहट और व्यवहार भी कुछ

हद तक कृत्रिम हो गया है। 21वीं सदी में सिंथेटिक की जगह हर्बल उत्पादों को बहुत आगे तक ले जाना होगा।

5. कई स्थानों पर पानी का स्तर धीरे-धीरे नीचे जा रहा है। कहा जा रहा है कि पानी भविष्य में युद्ध का कारण बन सकता है। इसलिए, डीजल और पेट्रोल जैसे ऊर्जा स्रोतों के संरक्षण की तर्ज पर जल का संरक्षण भी आवश्यक है।

6.ज्यादा जनसंख्या पैदा करना सभ्य समाज के लिए शर्म की बात है, कोई गर्व की नहीं। सरकार और समाज दोनों को इसपर सोचना होगा।

वर्तमान परिप्रेक्ष्य में देश की जरूरत

1. भारत में सदी की सबसे बड़ी जरूरत गरीबी उन्मूलन है। यह हरित क्रांति या ई-कॉमर्स जैसे विकास के माध्यम से ही संभव है। लेकिन दुर्भाग्य से हमने वस्तु और सेवाओं में जाति आधारित सुविधा पर अधिक भरोसा किया जो अपेक्षित रूप में उत्पादक नहीं रहा । सुविधा देते रहने मात्र से निम्न स्तर के लोगों का बौद्धिक विकास हुआ ही नहीं । अलबत्ता, समाज में गरीबी और असंतोष बढ़ता चला गया ।

2. जल प्रबंधन में आधुनिक तकनीकों, जैसे- ड्रिप सिंचाई को अपनाकर तथा प्रशीतन और एयर कंडीशनिंग विकसित करके हम अपने कृषि और बागवानी उत्पादों का संरक्षण और निर्यात कर सकते हैं।

3. यदि भारत को 21वीं सदी में एक आर्थिक शक्ति के रूप में विकसित करना है तो हमें कृषि और उद्योग की सहायता के लिए शुद्ध और व्यावहारिक विज्ञान में वैज्ञानिक अनुसंधान विकसित करना चाहिए ।

4. कंप्यूटर और संचार प्रणालियों के क्षेत्र में विकास ने भारत को दुनिया के अन्य सभी देशों पर बढ़त दिला दी है। यह गर्व की बात है कि संयुक्त राज्य अमेरिका में अधिकांश कंप्यूटर कर्मी आरक्षण रहित भारतीय हैं, जो ज्यादातर आंध्र प्रदेश, कर्नाटक, तमिलनाडु और अन्य दक्षिण भारतीय राज्यों से हैं। बिहार के लड़के संख्या में कुछ कम भले हों, पर गुणवत्ता में उनका कोई जोड़ नहीं है ।

5.भारत में आने वाले वर्षों में कंप्यूटर कर्मी की माँग और बढ़ेगी। इसलिए, भविष्यकालीन आवश्यकता को देखते हुए हमें बिहार को एक बड़ा कंप्यूटर हब बनाना चाहिए, और तेज दिमाग वाले लोगों को आगे कर अधिक से अधिक कंप्यूटर इंजीनियर तैयार

करने चाहिए जो दुनिया के बराबर प्रतिस्पर्धा कर सके । हमें सॉफ्टवेयर के साथ-साथ हार्डवेयर भी विकसित करना होगा।

5. मेडिकल, इंजीनियरिंग, मैनेजमेंट, विज्ञान, प्रौद्योगिकी, फैशन डिजाइनिंग, कैटरिंग टेक्नोलॉजी, रेफ्रिजरेशन और एयर कंडीशनिंग, जेनेटिक्स, बायोकैमिस्ट्री, माइक्रोबायोलॉजी, बायोटेक्नोलॉजी, मेडिकल ट्रांसक्रिप्शन, सॉफ्ट स्किल्स, एडवरटाइजिंग और मॉडलिंग जैसे विशिष्ट पाठ्यक्रमों में वर्षों से लगातार प्रवेश पा रहे गुणहीन लोगों के प्रवेश को रोकना होगा।

बेहतर भारत पर श्री आशुतोष के अपने विचार हैं। उन्होंने आमजन को अवगत कराने के उद्देश से भारत के भविष्य के बारे में चिंता जाहिर करते हुए कुछ इस प्रकार अपनी अभिव्यक्ति दी:

नागरिक शिक्षा प्रत्येक भारतीय के लिए प्रमुख आवश्यकता है। लोगों को सरकारी कार्यों के बारे में शिक्षित किया जाना चाहिए। उन्हें इस बारे में शिक्षित किया जाना चाहिए कि कर के रूप में चुकाए गए पैसे का उपयोग कैसे किया जाता है। उन्हें प्रत्येक राजनेता के कर्तव्य के बारे में पता होना चाहिए। उन्हें सरकार के प्रत्येक अधिकारी के कर्तव्य के बारे में पता होना चाहिए, ताकि वे उनके कामकाज पर नजर रख सकें।

वोट किसे देना है- इस मामले में उन्हें बिल्कुल स्वतंत्र होना चाहिए। पाँच किलो मुफ्त अनाज वोट करने का आधार नहीं हो सकता। यह बेवशी की आवाज हो सकती है। एक वोटर को बाहुबल, जाति, क्षेत्र, धर्म आदि से प्रभावित नहीं होना चाहिए। जनता को किसी अयोग्य, भ्रष्ट और अपराधी को अपना प्रतिनिधि नहीं चुनना चाहिए। तभी असली लोकतंत्र स्थापित हो सकेगा।

श्री आशुतोष का कहना है कि कोई भी परिवार, समाज या राष्ट्र अपने कल्याण के लिए बनाए गए मानदंडों के बिना अस्तित्व में नहीं रह सकता। हमारे बहुलवादी समाज में सभी का अस्तित्व, सभी द्वारा पालन किए जाने वाले नियमों के साथ ही संभव है।

सभी धार्मिक, क्षेत्रीय, स्थानीय रीति-रिवाज और प्रथाएँ हमारे द्वारा स्वयं को दिए गए संविधान के अनुसार होनी चाहिए। यह देखना सभी का कर्तव्य है कि हम इसका पालन करें। यदि कोई इसका पालन करने में विफल रहता है, तो कानून लागू करने वाली कार्यपालिका द्वारा उस पर कार्रवाई की जानी चाहिए, और न्यायपालिका द्वारा दंडित किया जाना चाहिए। राजनेताओं के

हस्तक्षेप के बिना कानून तोड़ने वालों से निबटने में कार्यपालिका को खुली छूट होनी चाहिए।

श्री आशुतोष अपना विचार व्यक्त करते हुए कहते हैं- हमारी न्यायिक व्यवस्था में सुधार की तत्काल आवश्यकता है। लंबे समय तक चलने वाले मामले अपराधियों को निडर बनाते हैं, और उन्हें अपनी गतिविधियाँ जारी रखने के लिए प्रोत्साहित करते हैं। चीजों को टालने और बार-बार अपील करने के सभी रास्ते बंद करने होंगे।

यदि आवश्यक हो तो भ्रष्ट राजनेताओं, महिलाओं और कमजोर वर्गों पर अत्याचार से संबंधित मामलों की सुनवाई एक अलग जाँच विंग के द्वारा फास्ट ट्रैक अदालतों में की जानी चाहिए। दलित एक्ट समेत कतिपय अन्य कानूनों की विधिसम्मत समीक्षा की बड़ी आवश्यकता है।

देश में हर समस्या की जड़ में भ्रष्टाचार है। व्यक्तियों से निर्णय लेने की शक्ति को हटाकर इसे काफी हद तक ख़त्म किया जा सकता है। डिजिटलाइजेशन से यह संभव है। ई-सेवा केंद्रों ने विभिन्न प्रकार के दस्तावेजों के लिए हमें कुछ कार्यालयों में जाने से बचाया है।

वोटर कार्ड, आधार कार्ड, जाति प्रमाण पत्र, ड्राइविंग लाइसेंस, पासपोर्ट, वगैरह ऑनलाइन उपलब्ध कराए जा रहे हैं। अधिकांश लोगों के आयकर आकलन का निपटान मानवीय हस्तक्षेप के बिना ऑनलाइन किया जा रहा है। फिर भी, उच्च स्तर पर मानवीय निर्णय लेना आवश्यक है। हमें अधिकृत बलों द्वारा प्रभावी निगरानी की आवश्यकता है।

जातिवाद पर आशुतोष के विचार

जातिवाद बिहार के विकास में एक बड़ी बाधा है। कुछ लोगों के अपुष्ट मतानुसार पूरा बिहार मजदूरों की फैक्ट्री में तब्दील होता

दिख रहा है। हालाँकि बिहार के लोगों में काबिलियत की कोई कमी नही है। राजनीतिक दल निर्वाचन क्षेत्र में जाति की ताकत के आधार पर उम्मीदवारों का चयन करते हैं। कुछ लोग अपनी जाति के आधार पर वोट करते हैं। इसलिए, कुछ अयोग्य लोग निर्वाचित हो रहे हैं। पार्टी, निर्वाचित प्रतिनिधियों की योग्यता को दरकिनार करते हुए जाति के आधार पर मंत्रालय में लोगों को भेजने का दबाव बनाती है। पार्टियाँ और राजनेता मेधावी लोगों को शासन में आने से रोक रही हैं। इस बीमारी का पुख्ता इलाज आवश्यक है।

भगवदगीता कहती है: प्रत्येक व्यक्ति को अपना कर्तव्य करना होगा। हमारी प्रगति हमारी योग्यता, कार्यकुशलता और कार्य के प्रति समर्पण पर निर्भर करती है। जातीय अवसाद में डूबे हुए लोगों की योग्यता सदा संदिग्ध रहती है।

शिक्षा विकास का मूल है। जातीय आधार पर शिक्षा सभी क्षेत्रों में अयोग्य लोगों को जन्म देती है जो अपना सब कुछ बर्बाद कर देते हैं। अच्छी तरह से पर्यवेक्षित शिक्षा कुशल लोगों का निर्माण करती है और अनुसंधान की ओर ले जाती है जिसके परिणामस्वरूप नवाचार होता है।

उद्योग द्वारा नवाचारों का उपयोग धन उत्पन्न करने के लिए किया जाता है। अधिक नवाचारों से अधिक उद्योग और लोगों को अधिक रोजगार मिलता है। इस प्रकार, शिक्षा विकास का शाही मार्ग है।

हमें अपने महान अतीत को नहीं भूलना चाहिए। आज भी कुछ लाभकारी रीति-रिवाज परंपरा के रूप में मौजूद हैं। लेकिन, अपने अतीत के गौरव का आनंद लेने से आज हमारा पेट नहीं भर सकता। इसलिए, हमें अपनी जड़ों के प्रति सचेत रहना होगा।

श्रेष्ठ और बुद्धिमतापूर्ण लोगों की एकजुटता राज्य के समग्र विकास के लिए अति आवश्यक है। हमें इसके मद्देनजर विशेष सचेत होकर कार्य करने की जरूरत है।

महिला सशक्तिकरण पर भाव संबोधन

महिलाओं और युवाओं को सशक्त बनाना समाज के विकास के लिए जरूरी है। एक सशक्त महिला, लैंगिक असमानता को कम

करती है। श्री आशुतोष कुमार का लक्ष्य लड़कियों और महिलाओं की शिक्षा को बेहतर बनाकर उन्हें बड़े सपने हासिल करने में मदद करना है।

महिलाओं को आर्थिक जीवन के लगभग हर पहलू में बाधाओं का सामना करना पड़ता है। महिलाएँ लगातार सामाजिक और सांस्कृतिक भेदभाव, तथा संपत्तियों और सेवाओं तक असमान नियंत्रण से पीड़ित हैं। अतः, युवाओं और महिलाओं को उस प्रक्रिया का हिस्सा बनना चाहिए जो समाज को सकारात्मक बदलाव की ओर ले जाती है।

मुझे नहीं पता कि आप में से कितने लोग सहमत या असहमत होंगे, लेकिन सबसे उन्नत युग में रहने के बावजूद, हमारे पास अभी भी रूढ़िवादी सोच वाली युवा पीढ़ी है। हमें उनकी मानसिकता को बदलने की जरूरत है। हमें महिलाओं के साथ एक प्रगतिशील दुनिया बनाने की जरूरत है। पुरुषों को महिलाओं की मदद करनी चाहिए, और महिलाओं को आर्थिक सशक्तिकरण की दिशा में आगे बढ़ने में अन्य महिलाओं की मदद करनी चाहिए।

युवाओं को समाज में महिला सशक्तिकरण के महत्व को समझने की जरूरत है। युवाओं में बदलाव लाने की ताकत है। महिलाओं और लड़कियों के साथ काम करने वाले संगठनों की मदद से लैंगिक समानता वाला समाज हासिल किया जा सकता है।

महिलाओं की वित्तीय स्वतंत्रता और सुरक्षा को प्रोत्साहित करने के लिए प्रशिक्षण-सह-कार्यशाला संस्थान स्थापित किया जाना चाहिए। साथ ही, एक शांतिपूर्ण समाज सुनिश्चित करने के लिए हिंसा से नहीं, बल्कि आवाज मुखर कर लड़ने के लिए सामाजिक समिति स्थापित की जानी चाहिए। बिहार राज्य और

कई अन्य बाहरी क्षेत्रों में युवाओं के नेता के रूप में मुझे लगता है कि ऐसे कई तरीके हैं जिनसे हम महिला सशक्तिकरण में योगदान दे सकते हैं।

अल्पसंख्यक समुदाय और आशुतोष

अल्पसंख्यक की अवधारणा सर्वथा स्पष्ट है। किसी विशेष धर्म या समुदाय में कम आबादी का एक बड़ा आकार अल्पसंख्यक माना जाता है। दूसरे शब्दों में, अल्पसंख्यकों की जनसंख्या हमेशा अन्य समुदाय के लोगों की तुलना में कम होती है। अल्पसंख्यक सभी राष्ट्रीय, सांस्कृतिक, जातीय, धार्मिक और भाषाई आधार पर हैं। अल्पसंख्यक दर्जे को केंद्र या राज्य सरकारों द्वारा कुछ कानूनों या अंतरराष्ट्रीय स्तर पर बाध्यकारी घोषणाओं द्वारा मान्यता दी गई है।

अल्पसंख्यकों को दिया गया प्रत्येक अधिकार बहुसंख्यकों के लिए अनुपलब्ध विशेषाधिकार है। अल्पसंख्यक को बाकियों से अलग रखा गया है। अल्पसंख्यकों को वही दिया जाता है जो बहुसंख्यकों से कानूनन ले लिया जाता है। बहुमत का नुकसान अल्पसंख्यक का लाभ है। यह थोड़ा अनुचित लगता है, क्योंकि यह दोनों के बीच स्पष्ट असमानता पैदा करता है। लेकिन यह राष्ट्रीय एकता और स्वाभिमान के लिए आवश्यक है।

अल्पसंख्यक अधिकार इस मान्यता पर आधारित है कि अल्पसंख्यक समाज बहुसंख्यक आबादी की तुलना में कमजोर स्थिति में हैं। हमारा लक्ष्य अल्पसंख्यक समूह के सदस्यों को भेदभाव, अभियोजन, शत्रुता या हिंसा से बचाना है। इस बात पर प्रकाश डाला जाना चाहिए कि अल्पसंख्यक अधिकार विशेषाधिकार नहीं हैं, बल्कि ये विभिन्न समुदायों के सदस्यों के लिए समान सम्मान सुनिश्चित करने के लिए दिए जाते हैं।

ये अधिकार कमजोर समूहों को समायोजित करने और समाज के सभी सदस्यों को उनके मानवीय और मौलिक अधिकारों के प्रयोग में समानता के न्यूनतम स्तर पर लाने का काम करते हैं। स्थिरता के लिए अल्पसंख्यकों की सुरक्षा आवश्यक है। यह इस देश में लोकतांत्रिक सुरक्षा और शांति बनाए रखने के लिए आवश्यक है। एक बहुलवादी और लोकतांत्रिक समाज को न

केवल अल्पसंख्यक वर्ग के प्रत्येक व्यक्ति की जातीय, सांस्कृतिक, भाषाई और धार्मिक पहचान का सम्मान करना चाहिए, बल्कि उन्हें इस पहचान को व्यक्त करने, संरक्षित करने और विकसित करने में सक्षम बनाने के लिए उचित परिस्थितियाँ भी बनानी चाहिए।

अल्पसंख्यक अधिकार समाज के सभी सदस्यों को उनके मानवाधिकारों का संतुलित आनंद दिलाने का काम करते हैं। दूसरे शब्दों में, उनका उद्देश्य यह सुनिश्चित करना है कि राष्ट्रीय अल्पसंख्यक वर्ग के व्यक्तियों को बहुसंख्यक वर्ग के व्यक्तियों के साथ समानता प्राप्त हो। इस संदर्भ में, राष्ट्रीय अल्पसंख्यक वर्ग के लोगों के लिए सभी स्तरों पर समान अवसरों को बढ़ावा देना विशेष रूप से महत्वपूर्ण है, क्योंकि यह समुदायों को सशक्त बनाता है और व्यक्तिगत स्वतंत्रता के प्रयोग को बढ़ावा देता है।

अल्पसंख्यकों के अधिकार उनकी पहचान की सुरक्षा के लिए है। यह उनकी पहचान को बढ़ावा देता है । अल्पसंख्यक अधिकार विशिष्ट पहचान के लिए सम्मान सुनिश्चित करने से संबंधित है। सांस्कृतिक, धार्मिक और भाषाई विविधता का सम्मान करने के लिए सकारात्मक कार्रवाई की आवश्यकता है। अल्पसंख्यक इस विविधता के माध्यम से समाज को समृद्ध करते हैं।

अल्पसंख्यकों के अधिकारों पर संयुक्त राष्ट्र घोषणाः
संयुक्त राष्ट्र, राज्यों से अपेक्षा करता है कि वे अल्पसंख्यकों के अस्तित्व और पहचान की रक्षा करें। यह राज्यों से जातीय, सांस्कृतिक, धार्मिक और भाषाई पहचान के प्रचार को प्रोत्साहित करने का भी आह्वान करता है। संयुक्त राष्ट्र के घोषणा पत्र के अनुच्छेद 2 (1) के तहत, अल्पसंख्यकों को किसी भी प्रकार के भेदभाव के बिना अपने धर्म का पालन करने, अपनी संस्कृति का

आनंद लेने तथा सार्वजनिक और निजी- दोनों सेटिंग्स में अपनी भाषा का उपयोग करने का अधिकार है।

इस घोषणा का अनुच्छेद 3 अल्पसंख्यकों से संबंधित व्यक्तियों को बिना किसी भेदभाव के व्यक्तिगत रूप से अपने अधिकारों का प्रयोग करने के अधिकार की गारंटी देता है। इसे 18 दिसंबर 1992 को महासभा संकल्प 47/135 द्वारा अपनाया गया था। हम समाज में पूर्ण सदस्यता, समान अवसर और सभी के लिए समान व्यवहार सुनिश्चित करना चाहेंगे। एकीकरण नीतियाँ विकसित करते समय सार्वजनिक वस्तुओं और सेवाओं तक पहुँच के लिए एक मार्गदर्शक सिद्धांत होना चाहिए। इसका मतलब यह है कि राज्यों को सक्रिय रूप से विविधता को बढ़ावा देना होगा, और हर किसी के लिए उस समाज के पूर्ण सदस्य के रूप में महसूस करने और कार्य करने के लिए परिस्थितियाँ बनानी होंगी।

राजनेताओं को एकीकरण की प्रक्रिया में एक आवश्यक भूमिका निभानी चाहिए, विधायक और निर्णय निर्माता- दोनों के रूप में। हम अल्पसंख्यकों के पूर्ण अधिकार सुनिश्चित करने हेतु प्रयास करने के लिए प्रतिबद्ध है।

कट्टरता पर आशुतोष के नेक विचार:

किसी भी व्यक्ति, परिवार और समाज को अत्यधिक कट्टर नहीं होना चाहिए। उन्हें लकीर का फकीर नहीं बने रहना चाहिए। जाति, धर्म और भाषा के मामले में कट्टरता कहीं से ठीक नहीं। भाषायी कट्टरता आपको हमेशा पीछे ही ले जाएगी।

देवनागरी भाषा में लिखी जाने वाली हिंदी देश की राजभाषा है। हमें इसका सम्मान करना चाहिए। पर, इसका मतलब यह नहीं की अंग्रेजी से विद्रोह कर दिया जाए। अपनी मातृभाषा सिखने

के बाद आपको जरूरत के हिसाब से एक या अधिक दूसरी भाषा भी सिखनी चाहिए। यह आपके जिन्दगी भर काम आएगी। दुनिया में चार दर्जन से अधिक देशों की भाषा उर्दू है । इनकी लिपि फारसी है। हम में से ज्यादातर लोगों को इसका ज्ञान नहीं । हमें इस भाषा का बहुविधि सम्मान करना चाहिए, और कम से कम आम बोलचाल में इस्तेमाल होने वाले सौ-दो-सौ शब्दों की प्रयोगमूलक जानकारी रखनी चाहिए ।

दलितों के प्रति आशुतोष के विचार

श्री आशुतोष अपने विचारों की स्पष्टता के लिए जाने जाते हैं। वे दलितों और वंचितों पर केंद्रित अपने विचार प्रकट करते हुए स्पष्टतया कहते हैं:

"दलित से हमारा तात्पर्य किसी ऐसे व्यक्ति या परिवार के समूह से है जो उत्पीड़ित, वंचित या अपमानित है। दलित वह है जिसे किसी समय और परिस्थिति में शासकों द्वारा, जो अधिकतर भारतीय सवर्णों से इतर अन्य जातियों से थे, दबा कर रखा गया था। दलित उन लोगों के द्वारा सताया गया वर्ग है जिनके पास शक्तियाँ अधिक थीं, पर विवेक कम था। आज दलित वह व्यक्ति है जो दुख और अभाव का सामना कर रहा है; जिसे अपमान का शिकार होना पड़ रहा है।

आज दलित वह है जो चतुर राजनेताओं तथा अन्य निचले या मध्यम वर्ग के लोगों के हाथों सामाजिक रूप से शोषित हो रहा है। उनका कई प्रकार से शोषण किया जा रहा है। और यह स्थिति मानव निर्मित है। हमें इसपर ध्यान देने की जरूरत है।

श्री आशुतोष कहते हैं: "सभी देशों, जातियों, नस्लों और रंगों के लोग सर्वोच्च शक्ति द्वारा बनाई गई एक ही मिट्टी के बने हैं। इंसान ने ही आपस में दूरियाँ पैदा कर दीं। सृष्टि की नजर में सभी जातियाँ समान हैं। उनका अस्तित्व अपरिहार्य है। वे ईश्वर की सुंदर रचना हैं।"

इस विधर्म के पीछे महत्वपूर्ण कारण तथाकथित वर्ग के धनी व्यक्तियों द्वारा किया जाने वाला सामाजिक अनादर है। वंचितों को दिया गया आरक्षण भेदभावपूर्ण है। इससे वास्तविक जरूरतमंदों को ज्यादा फायदा नहीं हो रहा। वास्तविक जरूरतमंद लोगों तक लाभ पहुँचाने के लिए कुछ और कदम उठाए जाने चाहिए।

दलितों को शांतिपूर्वक रहने वाली जातियों का समूह माना जाता है। वे लगातार कड़ी मेहनत करते रहे हैं। समाज की सेवा और देश के विकास में उनकी महत्वपूर्ण भूमिका है। इस सन्दर्भ में श्री आशुतोष आगे स्पष्ट करते हैं: "दरअसल, दलित कोई जाति नहीं है। यह एक मानव निर्मित पहचान है। इस शब्द में केवल अनुसूचित जाति और अनुसूचित जनजाति शामिल हैं। वे लंबे समय से समर्पण और चुप्पी में दबे हुए हैं। वे आज भी हाशिए पर हैं। उन्हें सदियों की पराधीनता की छाया से बाहर निकालने का बहुविधि प्रयास होना चाहिए।

जातिगत आरक्षण : एक विश्लेषण

जाति आधारित आरक्षण के मुद्दे पर श्री आशुतोष कुमार स्पष्ट रूप से कहते हैं कि जाति आधारित आरक्षण पूरी तरह से समाप्त किया जाना चाहिए। लेकिन वंचितों का आत्मसम्मान बनाए रखना है। उनका हिस्सा उनके श्रेणी के गरीब लोगों के पास जाना चाहिए, न कि उनके समुदाय के सुखी लोगों को मिलना चाहिए।

गैर-योग्य लोगों को आरक्षण के लाभ से दूर किया जाए ताकि वंचितों को आरक्षण का अतिरिक्त लाभ मिल सके। यह तब तक जारी रहना चाहिए जब तक वे सामाजिक रूप से स्वतंत्र न हो जाएँ,और समाज में अपने समान अधिकारों और स्वतंत्रता का आनंद न लेने लगें ।

सामाजिक रूप से विकसित और आर्थिक रूप से मजबूत लोगों का एक बड़ा समूह आरक्षण के उन लाभों का फायदा उठा रहा है जो अशिक्षित दलित वर्ग के लोगों के लिए होना चाहिए । अर्थात, वे अपने ही समाज की हकमारी कर रहे हैं । ऐसे लोगों की पहचान की जानी चाहिए; उनकी गिनती की जानी चाहिए और उन्हें आरक्षित वर्ग के लोगों के पैरामीटर से नियमसंगत ढंग से बाहर किया जाना चाहिए।

श्री आशुतोष "द एक्सप्रेशन: ऐन इंटरनेशनल मल्टीडिसिप्लिनरी-ई-जर्नल (ए पीयर रिव्यूड एंड इंडेक्स्ड जर्नल विद इम्पैक्ट फैक्टर 1.84, आईएसएसएन-2395-4132)" से उधृत करते हुए एक कथन प्रस्तुत करते हैं:

भारत एक ऐसा देश है जहाँ एक बड़ा वर्ग दलित है। ये लोग अंतरजातीय मतभेदों के आधार पर विभिन्न उप-समूहों में विभाजित हैं। उनका राजनीतिक रूप से शोषण और अपमान किया जाता है जो इस वर्ग भेद को बनाए रखने का एक और

महत्वपूर्ण कारक है। वे अपने अधिकारों से वंचित हैं और उन्हें वह नहीं मिल पाता जिसके वे हकदार हैं। उनकी आर्थिक उन्नति के लिए ठोस प्रयास करने चाहिए।

बालाजी बनाम मैसूर राज्य के मामले में यह कहा गया था: "किसी व्यक्ति की जाति यह सुनिश्चित करने के लिए एकमात्र मानदंड नहीं हो सकती है कि कोई विशेष जाति पिछड़ी है या नहीं। गरीबी, व्यवसाय, निवास स्थान जैसे निर्धारक सभी प्रासंगिक कारक हो सकते हैं जिन्हें ध्यान में रखा जाना चाहिए।

कोर्ट ने आगे कहा है कि इसका मतलब यह नहीं है कि अगर एक बार किसी जाति को पिछड़ा मान लिया गया तो वह हमेशा पिछड़ी ही रहेगी । सरकार को पिछड़ेपन की समीक्षा करनी चाहिए और यदि कोई वंश प्रगति की उस स्थिति में पहुँच जाता है, जहाँ आरक्षण अनावश्यक है, तो उस वर्ग को पिछड़े वर्गों की सूची से हटा देना चाहिए।

श्री आशुतोष कहते हैं: विडंबना यह नहीं है कि हमारा संविधान आरक्षण हितैषी है । विडंबना यह है कि हम संविधान के मूल भाव को अच्छी तरह समझ नहीं पा रहे हैं और इसे आरक्षण हितैषी बता देते हैं । संविधान के किसी भी पाठ में कहीं भी पिछड़ा वर्ग शब्द को स्पष्ट रूप से परिभाषित नहीं किया गया है। पिछड़ापन क्या निर्धारित या गठित करता है- यह अभी भी अनुत्तरित है। तो सवाल उठता है कि जो चीज अपरिभाषित है, उसके लिए पिछड़े समुदाय को अनंत काल तक आरक्षण कैसे दिया जा सकता है! दरअसल, मात्र कहने के लिए पिछड़े समुदाय से आने वाले बड़ी संख्या में सुखी-संपन्न और धनी लोग आज अपने ही वर्ग के लोगों की हकमारी कर रहे हैं । इस तस्वीर को हमारे समाज से मिटाना वास्तविक गरीबों के हित के लिए जरूरी है । जाति की परवाह नहीं करते हुए सभी सुखी और धनी लोगों को आरक्षण के सभी लाभों से मुक्त किया जाना चाहिए । दरअसल, जाति आधारित आरक्षण-नीति सामाजिक पिछड़ेपन को पहचानने में अब विफल साबित हो रही है। बढ़ते वैश्वीकरण और शहरीकरण के साथ जाति निष्ठा कमजोर हो रही हैं, और इसलिए सामाजिक पिछड़ेपन को परिभाषित करने वाले नए मापदंडों की पहचान करने की आवश्यकता है।

आरक्षण में स्पष्ट रूप से आर्थिक मानदंड शामिल होने चाहिए। आर्थिक सुरक्षा वाले व्यक्ति को कोई अन्य आरक्षण नहीं दिया जाना चाहिए। आरक्षण किसी व्यक्ति विशेष के लिए नहीं है । यह समुदाय के लिए है । एक अमीर व्यक्ति, चाहे वह किसी भी जाति का हो, अपने बच्चों को उच्च शिक्षा दे सकता है और उसका खर्च उठा सकता है । इसलिए, उसे आरक्षण नीति द्वारा सुरक्षा की आवश्यकता नहीं है।

ये गरीब ही हैं जिन्हें ऐसी सुरक्षा की जरूरत है, चाहे वे किसी भी जाति के हों। सभी को अपनी योग्यता साबित करने का समान

अवसर दिया जाना चाहिए। समाज के किसी भी वर्ग को चम्मच से खाना नहीं खिलाया जा सकता । इसकी बजाय, उन्हें पर्याप्त स्रोत उपलब्ध कराया जाना चाहिए। और अंत में योग्यता की जीत होनी चाहिए ।

दिनांक 1 अप्रैल 2012 को हरियाणा के कांग्रेस नेता श्री अजय सिंह यादव ने आरक्षण पर विवादों के बीच कहा: अब समय आ गया है कि जाति आधारित आरक्षण की समीक्षा की जाए। उन्होंने कहा कि ओबीसी के साथ-साथ सामान्य लोगों को भी उनकी आय के आधार पर आरक्षण का लाभ दिया जाना चाहिए ।
सितंबर 2008 को, केरल सरकार ने संबंधित सरकारी कॉलेजों और विश्वविद्यालयों में 7.5 और 10% आरक्षण दिया है। उनके फैसले को चुनौती देने के लिए मुस्लिम जमात ने केरल हाई कोर्ट में याचिका दायर की । कोर्ट ने फैसला देते हुए कहा कि अब समय आ गया है कि जाति आधारित आरक्षण से बाहर निकलकर इसे आर्थिक आधार पर बढ़ावा दिया जाए ।

गरीब सवर्णों को भी आरक्षण मिलना चाहिए ताकि विपरीत परिस्थिति में उन्हें आर्थिक तंगी का सामना न करना पड़े। कोर्ट ने यह भी कहा कि आर्थिक पिछड़ेपन सबसे बड़ी सामाजिक बुराई है । अब खुली प्रतियोगिता का समय आ गया है। पिछड़े वर्ग के लोगों को भी यह सोचना चाहिए कि यदि वे सरकार पर निर्भर रहेंगे तो उनकी प्रगति रुक सी जायेगी।

दहेज प्रथा : एक सामाजिक विमर्श

श्री आशुतोष कुमार विवाह के लिए दहेज प्रथा को समाज के लिए अभिशाप के रूप में देखते हैं। विवाह के लिए सामाजिक रूप से घोषित अनिवार्यतः दहेज देना और लेना भारत में अभी भी जारी है। शैक्षिक और आर्थिक प्रगति के कारण विवाह संस्था के तहत महिलाओं को कीमत देकर खरीदा और बेचा जाता है। हालाँकि लोगों में इसके बारे में जागरूकता बढ़ रही है । फिर भी दहेज ख़त्म नहीं हुआ है । यह थोड़ा रूपांतरित हो गया है। दहेज पत्नी के शरीर को साथ रखने के लिए पति को दी जाने वाली रिश्वत बन गई है। लड़के बिक रहे हैं ।

दहेज, महिला के विरुद्ध एक लेनदेन है। दरअसल, यह एक ऐसी बिक्री है जहाँ कीमत चुकाने के बाद भी संतुष्टि की गारंटी नहीं है। और विडंबना यह है कि बिक्री कभी भी शादी के साथ पूरी नहीं होती। खरीदार से अपेक्षा की जाती है कि वह नकद में भुगतान करता रहे, और बच्चे के जन्म का जश्न मनाने के लिए त्योहारों के दौरान और आनुष्ठानिक अवसर पर अपनी देनदारी जारी रखे ।

दहेज की प्रथा एक बहुत ही महत्वपूर्ण प्रश्न है जिसका उत्तर सभ्य नागरिक समाज को देना होगा। वर्तमान समाज में बड़ी संख्या में माता-पिता विवाह के लिए दहेज के रूप में मांगी जाने वाली बड़ी रकम देने में सक्षम नहीं हैं। इस स्थिति में माता-पिता अपनी जरूरतों को पूरा करने के लिए विकल्प खोजने के लिए मजबूर होते हैं।

शादी के बाद भी इन लड़कियों को अपने परिवार से कई तरह की धमकियों का सामना करना पड़ रहा है। कभी-कभी इससे लड़कियों को मानसिक अवसाद, परिवार और समाज में अलगाव, पति से अलगाव और अंततः आत्महत्या तक का सामना करना पड़ता है।

लड़कियों की कीमत बहुत अनमोल होती है; वह दहेज से भी अधिक है। लेकिन वर्तमान समाज में कोई भी उस मूल्य को नहीं समझता। दहेज का ख़तरा बड़े पैमाने पर महिलाओं की ज़िंदगी बर्बाद कर रहा है। हमें समाज के जिम्मेदार सदस्य होने के नाते इस मुद्दे पर सकारात्मक रूप से मंथन कर समस्या के निराकरण का प्रयास करना चाहिए।

मनुस्मृति मनु महाराज का विधान है। यह हिंदूओं के लिए सबसे महत्वपूर्ण धार्मिक ग्रंथ है। सभी हिंदुओं को अपनी जाति या पंथ से उपर उठकर इसका बुद्धिमतापूर्वक पालन करना चाहिए । यह सभी सामाजिक वर्गों का कानून है। माना जाता है कि मनुस्मृति साक्षात ब्रह्मा की वाणी है। यह महाराजा मनु तथा उनके बाद में आने वाले सभी धर्मशास्त्रों के लिए एक संदर्भ स्रोत है। मनुस्मृति में सृष्टि के परम नियंता परमेश्वर के शब्द दर्ज हैं।

मनुस्मृति की शिक्षाएँ धर्म व अध्यात्म पर सर्वाधिक उपयोगी शास्त्र है । यह भगवान के शब्दों का शब्दशः रिकॉर्ड है। यह समस्त संसार के सृजनकर्ता परम नियंता ब्रह्मा के श्रीमुख की साक्षात् वाणी है । यह एक आदि संहिता है । यह सभ्य मानव जाति का प्रथम सामाजिक आचरण संहिता है ।

निष्कर्ष यह है कि मनुस्मृति एक आदर्श समाज का निर्माण करती है। यह सभ्य समाज में आदर्श मानवीय आचरण करना सिखलाती है। यह एक व्यवस्थित समाज की स्थापना का आदर्श स्वरूप प्रदान करती है। यह हमें ईश्वर केंद्रित और सुखी जीवन जीना सिखाती है। इसका उद्देश्य लोगों में अनुशासन पैदा करना है ।
मनुस्मृति करुणा, सहनशीलता, सच्चाई, चोट न पहुँचाना, आत्म-नियंत्रण, कुत्सित इच्छा न करना, ध्यान, शांति, मधुरता और ईमानदारी जैसे गुणों की शिक्षा देती है, जिन्हें हर व्यक्ति को सीखना और अमल में लाना चाहिए। सभी व्यक्तियों को अपनी जाति, पंथ, कुल से उपर उठकर इसे पढ़ना और ग्रहण करना चाहिए। उधृत पुस्तक वर्तमान समय की एक बड़ी माँग है।

वर्ण व्यवस्था पर विद्वानों के ख़यालात

समस्त श्रृष्टि के रचयिता ब्रह्मा जी के मानस पुत्र महर्षि मनु ने मनुस्मृति नामक ग्रन्थ (धर्म शास्त्र / आचार संहिता) की रचना की। यह वेद की उत्पत्ति के बाद सम्भवतः पहला ग्रन्थ है। इस आदि शास्त्र में लिखा है कि श्रृष्टि की सामाजिक संरचना में कुल चार प्रकार के लोग हैं- ब्राह्मण, क्षत्रिय, वैश्य और शूद्र। इन्हें चार वर्ण के नाम से जाना गया। उन्होंने प्रतीकात्मक तौर पर कहा कि ब्राह्मण भगवान के सिर से, क्षत्रिय कंधों से, वैश्य जांघों से और शूद्र पैरों से पैदा हुए हैं।

ब्राह्मण ज्ञानी होते हैं और समाज का मार्गदर्शन करते हैं। इसलिए, इनकी तुलना सिर से की जाती है। क्षत्रिय वे राजा हैं जो लोगों की रक्षा करते हैं और व्यवस्था बनाए रखते हैं। वे कंधे की तरह हैं; शक्ति के प्रतीक हैं। वैश्य कृषक हैं जो धन पैदा करते हैं और समाज को आर्थिक रूप से समर्थन देते हैं। इन्हें जाँघों के रूप में दर्शाया गया है। शूद्र अन्य सभी पेशेवर हैं जो समाज के कामकाज के लिए आवश्यक हैं। उन्हें पैरों के रूप में दर्शाया गया है।

उल्लिखित शरीर के अंगों की प्रतीकात्मक प्रकृति को नजरअंदाज करने से समाज में ऊँच-नीच का भ्रम पैदा होता है। भगवान श्रीकृष्ण ने भी गीता में कहा है कि उन्होंने मानव समाज में चार प्रकार के वर्णों का निर्माण किया और यह विभाजन लोगों के गुण और व्यवसाय पर आधारित है। यह ध्यान रखना महत्वपूर्ण है कि यह विभाजन जन्म पर आधारित नहीं है। सभी भगवान के बच्चे हैं। अगर कोई भी ऊँच-नीच महसूस करता है तो यह केवल महर्षि मनु और भगवान श्रीकृष्ण के बारे में गलतफहमी है। धर्मशास्त्रों पर कोई टीका-टिप्पणी नहीं की जा सकती। हमें अपने संतों और धर्माचार्यों की बातों को शिरोधार्य करना चाहिए।

सनातन धर्म लोगों को स्वधर्म (स्वयं का कर्तव्य) का पालन करने की सलाह देता है। कहने का तात्पर्य यह है कि व्यक्ति को अपने वर्ण और आश्रम का पालन करना होता है। हिंदू शास्त्रों में चार वर्णों और चार आश्रमों (जिनका जाति से संबंध नहीं) का उल्लेख है। चार वर्ण, अर्थात ब्राह्मण, क्षत्रिय, वैश्य और शूद्र, पुरुषों के गुण और व्यवसाय (गुण, कर्म) पर आधारित हैं। मनुष्य को जो जीन विरासत में मिलते हैं और वह जो पेशा अपनाता है, उसका उसके व्यक्तित्व और व्यवहार पर प्रभाव पड़ता है। ब्राह्मणों से अपेक्षा की जाती है कि वे ज्ञान अर्जित करें और समाज का मार्गदर्शन करें। क्षत्रियों को प्रजा की रक्षा करनी होती है, और न्याय लागू करना होता है। वैश्य खेती और डेयरी फार्मिंग करते हैं। विभिन्न व्यवसायों के अन्य सभी कारीगर शूद्र हैं। पहले किसी को भी इस व्यवस्था से कोई समस्या नहीं थी, क्योंकि किसी को भी श्रेष्ठ या निम्न नहीं माना जाता था।

ब्रह्मापुत्र महाराजा मनु, जिन्होंने आचार संहिता (धर्म कानून) की रचना की, ने बताया कि ब्राह्मणों की उत्पत्ति सिर से, क्षत्रियों की उत्पत्ति कंधों से, वैश्यों की जांघों से और शूद्रों की उत्पत्ति भगवान के पैरों से हुई है। जो लोग शरीर के अंगों के प्रतीकात्मक महत्व को नहीं समझते थे वे स्वयं को श्रेष्ठ या निम्न समझने लगे।

आज कोई भी व्यक्ति अपनी स्वेच्छा से कोई भी कार्य या व्यवसाय कर सकता है। कहने का तात्पर्य यह है कि हमने वर्ण व्यवस्था को पीछे छोड़ दिया है । इसी प्रकार जीवन के चार आश्रम- ब्रम्हचर्य (अध्ययन की अवधि), गृहस्थ (गृहस्थ होना), वानप्रस्थ (अपने जीवनसाथी के साथ अथवा उन्हें छोड़कर अपनी संपत्ति और अपने लोगों से दूर रहना) और संन्यास (जीवन–जगत और मोह-माया का त्याग) का पालन कोई नहीं करता।

स्वधर्म (किसी का कर्तव्य), जिसमें वर्ण और आश्रम शामिल हैं, वर्तमान लोकतांत्रिक समाज में प्रचलन में नहीं है। लेकिन जाति, जो एक ही पेशे को मानने वाले लोगों का समूह थी, हिंदू समाज को कई टुकड़ों में बाँटने वाली बन गई। हालाँकि आज हर जाति के लोग हर पेशे में हैं। अर्थात् वर्ण, आश्रम, जाति आज व्यवहार में नहीं रह गया है। हिंदू धर्म अपने आप में इस प्रगतिशील सुधार की अनुमति देता है।

सरकार ने सशस्त्र बलों में सेवा देने के लिए भारतीय युवाओं के लिए अग्निपथ नाम से एक ऐतिहासिक और क्रांतिकारी भर्ती योजना शुरू की है । अग्निपथ योजना के तहत नामांकित युवाओं को अग्निवीर के नाम से जाना जाएगा। यह सशस्त्र बलों में शामिल होने के इच्छुक भारतीय युवाओं को भर्ती करने के लिए भारत सरकार की एक नई योजना है जिसमें चयनित उम्मीदवार को चार साल की अवधि के लिए अग्निवीर के रूप में नामांकित किया जाएगा।

यह अधिकारी के पद से नीचे के व्यक्तियों की भर्ती प्रक्रिया है, जिसका लक्ष्य युवा सैनिकों के साथ-साथ फिटर, इलेक्ट्रीशियन, लाइटमैन और अन्य निचले स्तर के पदों को अग्रिम पंक्ति में तैनात करना है। वे सभी चार साल की अल्प अवधि के लिए अनुबंध पर होंगे। इसे एक गेम चेंजिंग प्रोजेक्ट कहा जा रहा है जो भारतीय सेना, भारतीय नौसेना और भारतीय वायु सेना को युवाओं की नई छवि प्रदान करेगा।

हमारी लोकप्रिय सरकार अति आत्मविश्वास से कहती है कि अग्निपथ योजना का उद्देश्य नाविकों, वायुसैनिकों और सैनिकों की भर्ती के तरीके को मौलिक रूप से बदलना है। लेकिन श्री आशुतोष कहते हैं कि सशस्त्र बलों में शामिल होना व्यवसाय नहीं, एक जुनून है। सेना में ठेके का खेल कहीं से उचित नहीं। यदि ऐसा हुआ तो सेना की स्थिति आमजन की नजर में हास्यास्पद हो जाएगी । सैनिकों को अग्निवीर कहने में गर्व नहीं, अपमान महसूस होगा। श्री आशुतोष इस योजना पर अपनी बात रखते हुए कहते हैं:

क्या एक संक्षिप्त प्रशिक्षण, किसी सैनिक को आधुनिक युद्ध के लिए तैयार कर सकता है?
क्या अग्निवीर स्थायी सैनिक की तरह प्रेरित होंगे?

क्या दो अलग-अलग श्रेणियों के सैनिक समान स्तर पर सशस्त्र बलों की एकता और एकजुटता का सम्मान करेंगे?

आशुतोष इसपर कई उच्च अधिकारियों से विचार विमर्श करते हैं । वे कहते हैं- सरकार को इसपर पुनः विचार करना चाहिए । वे टी.एन. वेणुगोपालन, कोच्चि, केरल के विचार से सहमत होते हुए कहते हैं कि सरकार को इस योजना के पूर्ण कार्यान्वयन के साथ आगे बढ़ने से पहले, परीक्षण के रूप में पहले अग्निवीर का उपयोग करना चाहिए। और तब कार्यकाल को अल्प अवधि के लिए बढ़ाया जाना चाहिए । (फ्रंटलाइन, 29 जुलाई, 2022 में प्रकाशित)

श्री आशुतोष एक सैनिक होने के नाते अग्निपथ योजना को नम्रतापूर्वक अस्वीकार करते हैं, और अपने समर्थन में कुछ बड़े सैन्य अधिकारियों के मंतव्य को बहुविधि विचार करने हेतु सरकार और सेना के सामने प्रस्तुत करते हैं:

मेजर जनरल जी. डी. बख्शी ने सरकार के लगभग हर कार्य का समर्थन किया है। लेकिन, अग्निवीर योजना पर उन्होंने कोई सहमति नहीं दी है । उन्होंने अपने एक ट्रीट में लिखा था:

"अग्निवीर योजना से मैं चकित हूँ। मैंने शुरू में सोचा कि यह पायलट आधार पर किया जा रहा एक परीक्षण है। पर, यह तो भारतीय सशस्त्र बलों को छोटा करने के लिए लाया गया एक बदलाव है । यह भारतीय सशस्त्र बलों को चीनियों की तरह अल्पावधि सिपाही बल में परिवर्तित करने के लिए उठाया गया एक घातक कदम है। भगवान के लिए कृपया ऐसा न करें।"

पैराट्रूपर और सैन्य संचालन के पूर्व महानिदेशक लेफ्टिनेंट जनरल विनोद भाटिया ने मीडिया से बात की और इस कदम पर अपना विरोध इन शब्दों में दर्ज कराया:

सरकार को यह सुनिश्चित करने की आवश्यकता है कि यह सफल ही होगा, क्योंकि यह प्रक्रिया अपरिवर्तनीय और उच्च जोखिम वाली है। बाद में उन्होंने एक इंटरनेट-आधारित टेलीविजन चैनल से कहा: "मैं एक पैराट्रूपर हूँ; मैं जोखिम लेता हूँ। लेकिन, यह वह जोखिम नहीं है जो मैं लेता हूँ। इससे फौज का लोकाचार बदल सकता है।"

सैनिक आशुतोष आगे कहते हैं कि सेना के पूर्व उप-लेफ्टिनेंट जनरल राज कादयान ने सेवा में रहते हुए इस कदम का विरोध किया था। श्री कादयान एक इंटरनेट आधारित चैनल पर अपने विचार इस प्रकार व्यक्त करते हैं:

"इस तरह की योजना को कम जोखिम वाले संगठन में आज़माया जाना चाहिए। हम इसे रक्षा बलों में आज़मा रहे हैं जहाँ जोखिम बहुत अधिक है... मैं केवल आशा और प्रार्थना करता हूँ कि कोई युद्ध न हो। यदि युद्ध होता है तो अग्निवीर कहीं टिकेंगे ही नहीं। आप एक ऐसे व्यक्ति से उम्मीद नहीं कर सकते जिसे चार साल से अधिक समय की कोई सोच ही नहीं हो। वह इस हद तक प्रतिबद्ध नहीं हो सकता कि वह अपनी जान को जोखिम में डालकर युद्ध लड़े।

बी. एन. शर्मा, पूर्व मुख्य प्रशिक्षक, बीएसएफ अकादमी, जिन्होंने पूर्वोत्तर के लगभग सभी तीव्र उग्रवाद वाले क्षेत्रों में सेवा की है, ने ट्विटर पर लिखा:

"मेरे लिए अग्निपथ योजना किसी नई लॉन्च की गई सुरक्षा एजेंसी की योजना की तरह दिखती है; चार साल के लिए अनुबंध का आश्वासन और केवल पच्चीस प्रतिशत के लिए अनुबंध का विस्तार।"

संक्षेप में, सैनिक आशुतोष कहते हैं कि यह योजना भारतीय सशस्त्र बलों की शक्ति के लिए हानिकारक प्रतीत होती है। सेना और सरकार को इसपर गंभीरतापूर्वक विचार करना चाहिए

सुरक्षित भविष्य हेतु सात सुझाव

सुरक्षित भारत को लेकर चिंतित श्री आशुतोष समाज के जिम्मेदार लोगों को निम्नलिखित सात सुझाव साझा करते हैं:

1. कल के संरक्षक: हम आनेवाले कल के संरक्षक हैं । हम भविष्यकालीन भारत के निर्माता हैं । हम इस ग्रह पर स्थायी नहीं हैं । हमारे बाद आने वाली पीढियाँ सुरक्षित रहें- इस हेतु हमारी महती जिम्मेदारी है । हमारे आज के कार्य उस विश्व को आकार देते हैं जो भावी पीढ़ियों को विरासत में मिलेगा। इस भूमिका को स्वीकार करें और जलवायु और पर्यावरण संरक्षण के साथ सतत प्रगति की विरासत को सम्हालने का प्रयास करें।

2. नवाचार में निवेश: भारत का भविष्य जलवायु परिवर्तन, संसाधन की कमी और असमानता जैसी जटिल चुनौतियों से निबटने के लिए नवाचार की मांग करता है। अतएव, वैज्ञानिक अनुसंधान का समर्थन करें; रचनात्मकता को बढ़ावा दें और साहसी समाधानों की वकालत करें जो सभी के लिए उज्जवल भविष्य सुनिश्चित करेगा।

3. ज्ञान के बीज बोना: शिक्षा समृद्ध भविष्य का आधार है। सभी के लिए गुणवत्तापूर्ण शिक्षा में निवेश करें, आलोचनात्मक सोच कौशल का पोषण करें और सीखने के प्रति आजीवन प्रेम को प्रोत्साहित करें। यह भावी पीढ़ियों को चुनौतियों से निबटने और एक बेहतर दुनिया बनाने के लिए सशक्त बनाता है।

4. जीवन की दीप्ति का संरक्षण: पृथ्वी की जैव विविधता एक अमूल्य खजाना है। लुप्तप्राय प्रजातियों की रक्षा करें, पारिस्थितिकी तंत्र को बहाल करें, और सनातनी लाभप्रद प्रथाओं को बढ़ावा दें जो भविष्य की पीढ़ियों के आनंद के लिए जरूरी है ।

5. पुलों का निर्माण करें, दीवारों का नहीं: सांस्कृतिक विविधता की समृद्धि को अपनाएं और सीमाओं के पार समझ को बढ़ावा दें। हानिकारक रूढ़ियों को तोड़ें, संचार को बढ़ावा दें, और साझा चुनौतियों का समाधान करने और अधिक समावेशी भविष्य का निर्माण करने के लिए विश्व स्तर पर सहयोग करें।

6. न्यायसंगत और उचित कल: हमारे आज के कार्यों से ऐसे भविष्य का मार्ग प्रशस्त होना चाहिए जहाँ हर किसी को आगे बढ़ने का अवसर मिले। असमानता के ख़िलाफ़ लड़ें, मानवाधिकारों की हिमायत करें, और एक न्यायसंगत समाज के निर्माण के लिए प्रयास करें जहाँ हमारी भावी संतति खुशहाल जीवन जी सके।

7. आशा का रोपण, प्रगति प्राप्त करना: भविष्य, पूर्व निर्धारित नहीं है। यह हमारी पसंद से आकार नहीं लेता है, बल्कि हमारे कार्यों से सुदृढ़ और सुरक्षित होता है। आशावादी दृष्टिकोण विकसित करें, सामूहिक कार्रवाई की शक्ति में विश्वास करें और बेहतर भविष्य की दिशा में ठोस कदम उठाने शुरू करें। आपकी आज की आशावादिता और साहसपूर्ण उद्यम आपकी कल की प्रगति के बीज हैं, जो आने वाली पीढ़ियों के लिए फलदायी होगी

तानाशाही राज्य

एक तानाशाही राज्य के बारे में श्री आशुतोष अपनी अभिव्यक्ति कुछ इस प्रकार देते हैं:

कोई राज्य जब इतना शक्तिशाली हो जाए कि वह वैयक्तिक, सामाजिक एवं राजनीतिक- सभी क्षेत्रों को नियंत्रित करने लगे तो वह तानाशाही राज्य बन जाता है। इटली का फासीवाद और जर्मनी का नाजीवाद इसका बड़ा उदाहरण है । इटली का मुसोलिनी मारा गया, और जर्मनी के हिटलर को आत्महत्या करनी पड़ी । आज इन दोनों का नाम तक लेने वाला दुनिया में कोई नहीं है ।

तानाशाही राज्य सत्तासीन दल के किसी एक उच्च प्रतिष्ठित नेता के प्रबल आधिपत्य का प्रतीक होता है । उस नेता को कृत्रिम रूप से चमत्कारी बताकर अत्यंत उच्च स्थान पर प्रतिष्ठित किया जाता है। वह लोकतंत्र को एक सड़ी हुई लाश बताकर उसका उपहास करता है। ऐसे राज्य में संचार के साधन और समाचारपत्र सरकार के प्रचार विभाग की तरह कार्य करने लगते हैं। तानाशाही राष्ट्र, अंध राष्ट्रीयता और उत्कृष्ट देशभक्ति का झूठा प्रचार करके नागरिकों को सरकार के लिए आत्मोत्सर्ग करने के लिए प्रेरित करता है।

एक तानाशाही राज्य, शासन के नैतिक सिद्धांत और मूल्य में कोई आस्था नहीं रखता। वह अपनी सत्ता बनाए रखने के लिए घृणा, नफरत, विद्वेष, धोखा, छल, प्रपंच, साजिश, इत्यादि का सहारा लेता है। आमजन उसकी बातों पर कतई यकीन नहीं करता और उसे उखाड़ फेंकने का हर प्रकार से यत्न करता है।

हाल के वर्षों में मिस्र के राष्ट्रपति हुस्नी मुबारक और लीबिया के राष्ट्रपति कर्नल गद्दाफी को आम जनता ने जुल्म, अत्याचार, अन्याय, अनीति और सितम की इंतहा झेलने के बाद मजबूर

होकर उनके महल में हीं चढ़कर मार डाला और उनकी सारी सेना धरी-की-धरी रह गई।

तानाशाह और उसका दर्शन

एक तानाशाह मैकियावेली के दर्शन का उपासक होता है जो यह कहता है कि राजा ने ही राज्य की स्थापना की । जनता ने अपनी सुविधा के लिए, अपने हित के लिए राजा को चुना । अतः, प्रजा राजा के हर आदेश को मानने के लिए बाध्य है ।

मेकियावेली कहता है कि राजा को स्वयं को अच्छा दिखाने का केवल दिखावा करना चाहिए । उसे ऐसा कठोर रूप धारण करना चाहिए कि जनता डर से सदैव उसकी आज्ञाओं का पालन करती रहे ।

आम नागरिकों का दर्द उसके लिए मनोरंजन का माध्यम होता है । नागरिकों का बेमौत मारा जाना तानाशाही राज्य के लिए सत्ता में बने रहने का आधार होता है । राज्य में आने वाली बड़ी से बड़ी आपदा उसके लिए एक बड़ा अवसर है । देश का आर्थिक, सांस्कृतिक और नैतिक नियंत्रण एक तानाशाह अपने हाथ में रखता है।

वह हेगल के इस दर्शन में विश्वास रखता है कि वह धरती पर ईश्वर का साक्षात आगमन है । वह नीत्शे के इस सिद्धांत पर चलता है कि तानाशाह की इच्छा हीं राज्य का नैतिक सिद्धांत है । वह लुई सोलहवां_के इस सिद्धांत को मानता है कि वह धरती पर ईश्वर का प्रतिनिधि है, और उसकी इच्छा ही राज्य का कानून है ।

एक मदांध तानाशाह राज्य के बल का भरपूर दुरूपयोग करता है । वह अपनी काली सोच के तहत अविवेकपूर्ण ढंग से विरोध की आवाज को दबाने के लिए गुप्त रूप से कार्य करने वाले संगठनों की मदद लेता है । जैसे- मुसोलिनी का "ब्लैक शर्ट मिलेशिया", और हिटलर का "ब्राउन शर्ट" नामक संगठन।

ऐसा राज्य आमजन की खुशहाली तथा शिक्षा, साहित्य और कला के विकास के लिए सर्वथा अनुपयुक्त है। ऐसी स्थिति में अंजाम की परवाह किए बगैर हर प्रकार से यत्न कर उसकी सत्ता को उखाड़ फेंकना आमजन का पवित्र कर्तव्य है।

सफल लोकतंत्र के मायने

यह दुर्भाग्यपूर्ण है कि भारतीय स्वतंत्रता के पचहत्तर वर्षों के बाद भी एक सफल लोकतंत्र का प्रश्न हमारे लिए चिंता का विषय बना हुआ है। हम समाज के कल्याणार्थ सार्वजनिक धन खर्च करने के सर्वोत्तम तरीके पर चर्चा करने के लिए, तथा सुशासन देकर समाज में बेहतर माहौल बनाने के लिए हर पाँच साल में मतदान कर अपने प्रतिनिधियों को चुनते हैं। पर, यह अफ़सोस की बात है कि हमारे अधिकांश मतदाता इस उद्देश्य से पूरी तरह परिचित नहीं हैं।

जब कुशल और सेवाभावी लोग चुने जाते हैं तो लोकतंत्र अच्छी तरह से काम करता है। पर, नेताओं को चुनने के लिए भारतीय मतदाताओं को आवश्यक नागरिक ज्ञान नहीं दिया जाता है। उन्हें इस बात की कम से कम न्यूनतम जानकारी देनी आवश्यक है कि सरकार विभिन्न स्तरों पर कैसे कार्य करती है। उन्हें पता होना चाहिए कि एक निर्वाचित प्रतिनिधि को निर्वाचित होने के बाद क्या करना चाहिए। यह विडम्बना है कि बहुत से निर्वाचित जन प्रतिनिधि भी अपना कर्तव्य बेहतर ढंग से नहीं जानते हैं। नागरिक शिक्षा न देना लोगों को अज्ञानी और अविकसित रखकर उन्हें अपने अधीन बनाए रखना है। लोगों की अज्ञानता बेकार राजनेताओं के हाथों में सत्ता कायम रखती है।

कार्यकारी अधिकारियों पर राजनेताओं का वर्चस्व कानून के शासन को नष्ट कर देता है और इसका सबसे बड़ा खामियाजा आम जनता को भुगतना पड़ता है। विधायकों और सांसदों का कर्तव्य संबंधित विधानसभाओं और संसद में चर्चा में भाग लेना है। उन्हें कलेक्टर या अन्य जिला स्तरीय अधिकारियों के साथ जिला स्तरीय बैठकों में क्यों भाग लेना चाहिए? एक विधायक पूरे राज्य का होता है और एक सांसद पूरे देश का होता है, न कि केवल अपने निर्वाचन क्षेत्र का- कुछ राजनेताओं को इस बात

का एहसास नहीं है। इसके अलावा सांसदों और विधायकों को अपने क्षेत्रों में खर्च करने के लिए बहुत सारी धनराशि दी जाती है। यह उन्हें क्षेत्र में अपनी शक्ति मजबूत करने में मदद करता है। विधायकों द्वारा कार्यपालिका की शक्ति का हनन नहीं किया जाना चाहिए।

सभी लोग समान हैं- यह लोकतंत्र का मूल सिद्धांत है। फिर भी, महिलाओं के साथ दुर्व्यवहार और जातियों के आधार पर सामाजिक भेदभाव के मामले देखने को मिलते हैं। श्री आशुतोष आजादी के पचहत्तर साल बाद भी नौकरियों और प्रमोशन में आरक्षण जारी रखने को संविधान की भावना के बिलकुल अनुकूल नहीं मानते हैं। इसी तरह अलग-अलग क्षेत्रों या अलग-अलग धर्मों के लिए अलग-अलग कानून भी समानता के मौलिक अधिकार के खिलाफ है। न्यायिक प्रणाली को मुद्दों पर निर्णय लेने में बहुत समय लगता है और हमें यह कहावत याद आती है कि 'न्याय में देरी, न्याय न मिलने के समान है'।

लोग जब अपने स्वार्थ को कम करेंगे और महसूस करेंगे कि दुनिया व्यक्ति के आराम और उनकी स्वतंत्रता से अधिक महत्वपूर्ण है, तब सभी के लिए शांति, सद्भाव और हर्ष की स्थिति उत्पन्न होगी। यदि हम में से हर कोई एक नागरिक के रूप में अपनी जिम्मेदारियों को पूरा करता है, तो हमारे पास सच्चा लोकतंत्र होगा। यदि हर कोई एक व्यक्ति के रूप में अपने कर्तव्यों को अच्छी तरह से निभाता है तो पृथ्वी पर स्वस्थ, सुंदर और सुखकारी माहौल का निर्माण हो सकेगा।

आशुतोष : आत्मसंतोष की अभिव्यक्ति

वक्त बदल रहा है । समय जाता दिख रहा । उम्मीदें बढ़ी हैं । धैर्य रखने की जरूरत । संयम से काम लेना समझदारी । चिंता मत कीजिए । आने वाले वक्त में भांति-भांति प्रकार से उन्माद का सहारा लेकर अपना परवरिश चलाने वाले मुफ्तखोरों के "पुनर्मुषको" हो जाने की सम्भावना है । हमें अपनी जिन्दादिली और रईसी को बरकरार रखते हुए अपना कर्म करते रहना चाहिए, मेहनत करते रहनी चाहिए, ज्ञान बढ़ाते रहना चाहिए ।

जलवा उसी का बरकरार रहता है जो कभी हताश नहीं होता; जो अपने कर्म पथ पर विशेष मेहनत और लगन के साथ आगे बढ़ते रहता है । हमें समाज में मिल जुलकर तथा औरों को अपने साथ लेकर चलने की जरूरत है ।

काव्य प्रेमी श्री आशुतोष कवयित्री महाश्वेता की निम्न पंक्तियों को गुनगुनाते हैं । ये पंक्तियाँ सचमुच हमारी नजरें खोलने वाली हैं । अतः, हे भारत वंशियों ! इसे ध्यान से पढ़ें और मनन करें-

काँटों के ऊपर फूलों को खिलने का वरदान मिला।
जीवन की धारा को हरपल बाधाओं का दान मिला।।

संजीवन संघर्ष बना जिस मानव ने दुख पान किया।
पत्थर पर जो दूब उगायी, उनको ही सम्मान मिला।।

पल-पल के हाथों में जिसने श्रम के मोती पिरो लिए ।
ऐसे ही श्रमजीवी जन को जीवन में उत्थान मिला।।

अपनेपन का भाव लिए चल खुशहाली के दामन में।
जिसने इसे निभाया उनको मानवता का मान मिला।।

उपसंहार : जीवन और संघर्ष

अंत में, मैं अपने छात्र-युवाओं को जीवन और संघर्ष पर
आधारित पंक्तियाँ प्रस्तुत करते हुए यह कहना चाहता हूँ कि-

जीवन के हर पथ पर माली पुष्प नहीं बिखराता है
जीवन का पथ अक्सर पथरीला ही होता है।

तट पर बैठे ख्वाब को ख्वाब ही रह जाना है
गहरे तह तक जाना होगा, गर मोती को पाना है।

शक्तिशाली धारा है, तेज है प्रवाह
जीत लो मौजों को, औ ढूढ़ लो अपनी राह।

उठना है और भी ऊपर, हैं ऊँचाईयाँ पुकारतीं
हैं अपार क्षमताएँ तुममें, आशाएँ तुम्हें निहारतीं।

मुश्किलें कब ठहरी हों, जब हों चट्टानी इरादा
गर आपने कर रखा है, ऊँचाईयों का वादा।

जोश और जोखिम किया जिसने जिन्दगी के नाम
तुफानी लहरें भी कर जाती हैं, झुककर उसे सलाम।

उन्नत शिखर से गिर कर भी जो हँसते हैं
नए शिखरों की तलाश में कदम उन्हीं के बढ़ते हैं।

पा ही लेंगे अपनी मंजिल, राहों की मोहताज नहीं
साथ है सव अर्णों का, कल होगा वहीं जो आज नहीं।